Zypern

Europas Insel mit der meisten Sonne und den ältesten Ruinen

Liebe Leserin, lieber Leser,

seit 1974 ist Zypern geteilt: Das nördliche Drittel des EU-Mitgliedsstaates ist seitdem vom EU-Bewerber Türkei militärisch besetzt. Wer bisher auf der Sonneninsel Urlaub machen wollte, musste sich entscheiden für den Direktflug nach Paphos oder Larnaca im Süden oder den umständlichen Weg über die Türkei in den Norden. Erst seit der Aufnahme Zyperns in die EU 2004 können Touristen beide Teile der Insel entdecken. Diese Hoffnung auf die zypriotische Wiedervereinigung war es auch, die uns bewogen hat, Ihnen hiermit eine Ausgabe über die ganze Insel zu präsentieren. Sie soll Sie besonders anregen, auch die Schätze des lange vernachlässigten Nordens zu entdecken. Denn Zypern gehört unter den Feriengebieten am und im Mittelmeer unserer Meinung nach zu den interessantesten Zielen. Die Insel bietet alles für einen entspannten Strandurlaub, erholsame Wandertage in großartigen Landschaften und reichlich Stoff für anregende Kultur-Touren.

ST. HILARION ist eine der markanten Burgen und Festungen auf Zypern, die zu allen Zeiten Eroberer anlockte

Europa spielte hier stets eine bedeutende Rolle, der Orient aber nicht minder. Die syrische und die türkische Küste sind jeweils nur 100 Kilometer entfernt. Darum treffen wir hier auf Spuren, die bis nach Mesopotamien und ins alte Persien reichen, das Erbe der antiken Griechen und Spuren der Kreuzritter. Noch vor Kultur und Natur sind es aber die Menschen, die uns mit besonderer Gastfreundlichkeit empfangen. Wir haben versucht, diese Atmosphäre in diesem MERIAN abzubilden.

Herzlich, Ihr

Andreas Hallaschka
MERIAN-Chefredakteur

GEMEINSAM reisten die griechische Autorin Olra Havenetidis und der türkische Fotograf Murat Türemis für MERIAN durch das Troodos-Gebirge. Nicht wenige Zyprioten bestaunten das binationale Team. Seite 64

„KOPIASTE!" Diese herzliche Einladung zum Rasten und Essen nahm Fotograf Arthur F. Selbach oft an, als er für die große Bildstrecke dieser Ausgabe kreuz und quer über die Insel fuhr. Seite 14

INHALT

Zypern

>> Titelthemen

SEITE 32

DAS MINARETT

gehört zur Omeriye Cami, der einzigen von muslimischen Gläubigen noch genutzten Moschee im griechischen Teil Nikosias

MERIAN | Info >> SEITE 101

SEITE 14

WEITER BLICK AUF FLACHE BUCHT

Die Nissi Bay im Südosten ist kinderfreundlich wie das ganze Land. Egal, ob griechischer oder türkischer Teil

SEITE 86

WOLLSACHEN

Auf Karpasia übertrifft die Zahl der Schafe die der Menschen um ein Vielfaches

SEITE 52

MEER UND MEHR

Prall wie eine Luftmatratze sind die Strandferien in Agia Napa, tags zu Wasser, nachts am Land

SEITE 76

AMPHOREN

an Bord hatte das antike Wrack, das 1965 vor Kyrenia gefunden wurde

SEITE 64

BUNT IST ORTHODOX

Viel neue sakrale Kunst gibt's im Kloster Kykkos. Die benachbarten Gebirgskirchen dagegen zeigen uralte Fresken

B J 155

Ob man sich nach einer Wiedervereinigung einen Badeort wie Varosia wünscht, bleibt abzuwarten

VAROSIA 1970 UND 2004

ZeitSprung

Heißer Sand und ein verlorenes Land: Varosia, das einst lebhafteste Seebad Zyperns, ist seit der Teilung von Famagusta abgetrennt. Den besten Blick auf die Hotelstadt, die im militärischen Sperrgebiet zunehmend verfällt (Foto links), bietet das „Beach View Restaurant". Hinter den Sonnenschirmen verläuft die Grenze. 1970, aus dieser Zeit stammt die Postkarte (rechts), waren die Zyprioten stolz auf die moderne touristische Infrastruktur.

ZYPERNS WILDSCHAF

KontaktMuffel

Das Mufflon ist sehr scheu. Weil sein Fleisch allzu oft auf die Speisekarten der britischen Kolonialmacht kam, war das zyprische Wildschaf bis auf knapp zwei Dutzend Tiere ausgerottet. Als kostbare Rarität schaffte es den Sprung in die Herzen der Zyprer. Nur unfreiwillig jedoch lässt es sich sehen und fotografieren. Hier also das Mufflon als stilisiertes Emblem auf dem Leitwerk der nationalen Fluglinie.

CYPRUS AIRWAYS

GEISTERAUTOS

Nichts ist (un)möglich

Eine Flotte nagelneuer Toyota Celica und Corolla steht in einer Großgarage in Nikosia. Die 30 bis 77 Autos (die Angaben variieren) haben 32 Kilometer auf dem Tacho (Fahrt vom Importhafen Famagusta) und zum Teil noch Plastikfolien auf den Sitzen. Weiterhin geschützt sind sie durch eine dicke Staubschicht. Die ist gut 30 Jahre alt (also wie die türkische Invasion), und seitdem darf sich hier in der Pufferzone nach dem Willen der UNO nichts bewegen. Nicht mal für 'ne Probefahrt.

1970

Das Zypern-Heft von 1970 stellte die noch ungeteilte, doch längst nicht mehr friedliche Insel vor

SCHNELLER FLITTERN

TrautEuch!

Was im schottischen Gretna Green der Schmied, das ist in Larnaka Herr Takis Vovides. Schon 15 Tage nach telefonischer Anmeldung stiftet er den Bund fürs Leben. Dazu benötigt der Standesbeamte Pass, Geburtsurkunde und einen Ledigen-Nachweis beider Partner. Kosten: 75 zyprische Pfund. Wer sich montags verliebt, kann ausnahmsweise sogar schon freitags Braut unter der Haube sein – als eilbedürftiger Fall. Macht dann aber 165 Pfund. Info: www.ucm.org.cy

ZAHLENSPIEL

150 000 000
Millionen Zugvögel passieren zweimal jährlich die Insel

2 350 000
ausländische Gäste besuchten 2003 das südliche Zypern

200 000
Dollar Trinkgeld ließ der Sultan von Brunei im Hotel „Four Seasons" in Limassol

1820
Pflanzenarten haben die Botaniker gezählt

340
Tage im Jahr scheint die Sonne. Damit stellt Zypern Hawaii in den Schatten

34
Küstenzonen wurden von der EU-Umweltinitiative für Strand- und Wasserqualität gelobt

6
Knoblauchzehen kommen in den Skordalia, den Kartoffelbrei der Zyprioten

4
Flaggen wehen mehr oder weniger legal: die der Republik Zypern, die griechische, die türkische und die Nordzyperns

1
zyprisches Pfund kostet ein Pint anständig gezapftes Bier

1000 Reisen und ein Ziel:
Intensiverleben
Studiosus-Reisen erweitern vom ersten Tag an Ihren Blick auf die Welt und schaffen unvergesslich intensive Eindrücke.
Wählen Sie aus dem größten Studienreise-Angebot Europas. Erleben Sie über 100 Länder in ihrer ganzen Vielfalt: Sehenswürdigkeiten und Kultur, Märkte, Strände und die Menschen.
Fordern Sie jetzt kostenlos unsere aktuellen Kataloge an:
Per Telefon 00 800/24 01 24 01
(Gebührenfrei für D, A und CH)
Oder Internet www.studiosus.com
Studiosus

Kunstvolles Arrangement. Petek-Chef Erdal Demirci hat dafür auch Liebhaber im Süden

PETEKS VERFÜHRUNG

1001 **Schmacht**

Loukoumia, Fruchtgelee mit Rosenwasser und Puderzucker, *Pastellaki* aus Sesam, Erdnüssen und Honig, *Baklavas,* mit Mandelpaste und Zimt gefüllter Blätterteig in Sirup – das Angebot süßer Versuchungen bei Petek in Famagustaam Seetor (Canbulat Yolu) ist kaum zu übertreffen. An Ort und Stelle genießen oder mitnehmen: Sahne- und Buttercremetorten, *Shiamali,* Grießkuchen mit Orange, *Daktyla* mit Mandeln oder Walnüssen. *Kolokoti* mit rotem Kürbis und …

SÜSSWEIN

Richards **Herztropfen**

„Ich muss zurück nach Zypern, nur um den Wein dort wieder zu kosten", schwärmte der König und Kreuzritter Richard Löwenherz. Der „Commandaria" ist einer der ältesten der Welt. Der süße Dessertwein wurde erstmals um 1210 von den Johannitern in der fruchtbarsten Region der Insel angebaut, die der Orden „La Commanderie" nannte. König Philipp August soll 1223 nach einem Kostprobenmarathon von mehr als 100 Kreszenzen den Tropfen der Johanniter zum „Apostel der Weine" gekürt haben. Natürlich wird er noch heute gekeltert (siehe auch „Wein" unter „Shopping" Seite 119).

ZYPERN | TOP

UNBEDINGT SOLLTEN SIE …

>> … den für *lefkaritika,* für Hohlsaumstickereien berühmten Ort Lefkara besuchen. Ein gewisser Leonardo da Vinci kaufte hier 1481 eine Altardecke für den Mailänder Dom.

>> … sich beim Autofahren auf den Linksverkehr einstellen, aber wissen, dass dennoch auch hier „rechts vor links" gilt.

>> … in Limassol, Larnaka oder Paphos im Mai an der Anthestiria teilnehmen, dem dionysischen Fest zum Wiedererwachen von Natur und Mensch.

>> … im März vormittags im Troodos-Gebirge Ski laufen und nachmittags in Agia Napa Wasserski fahren.

>> … die Markthallen der großen Städte besuchen. Sie sind der wahre Himmel des Volkes.

ZYPERN | FLOP

AUF KEINEN FALL SOLLTEN SIE …

>> … als Wanderer im Frühjahr unaufmerksam über unübersichtlichen Boden laufen. Dann sind die Levanteottern aus dem Winterschlaf erwacht.

>> … die Green Line an der Pufferzone fotografieren. Die UNO-Soldaten reagieren rüde. Auch im Museum nicht vergessen, nach einer Fotogenehmigung zu fragen.

>> … sich über Grilldünste ärgern. Die Zyprioten sind Weltmeister am Holzkohlenfeuer.

>> … an öffentlichen Stränden nackt baden. FKK ist verboten, aber das „Sonnenbad oben ohne" wird in Südzypern meistens akzeptiert.

>> … Shorts, Miniröcke oder bauchfreie Shirts beim Besuch von Kirchen, Klöstern und Moscheen tragen.

SCHILDKRÖTEN

Sandkastenkids

Suppenschildkröte *(Chelonia mydas)* und Karettschildkröte *(Caretta caretta)* wollen ungestört sein, wenn sie zwischen Juni und August nachts ihre Eier an den Stränden um Lara Point (Akamas) und auf Karpasia (Nordzypern) einbuddeln. Der temperierte Sand übernimmt dann sieben Wochen lang das Ausbrüten der jungen Panzertiere, die, sobald sie sich aus dem Gelege befreit haben, ins Meer laufen. Viele fallen großen Vögeln zum Opfer. Überleben die geschützten Tiere, kehren sie nach 15 Jahren an denselben Strand zurück – zur ersten Eiablage.

Die Wasserschildkröten sind bedroht. Am Strand aufpassen!

Vorn das Meer, hinten das Pentadaktylos-Gebirge. So schön wie Kyrenia liegt kein anderer Ort Zyperns. Englische Pensionäre und deutsche Aussteiger bleiben gerne in Girne, wie die Türken die Stadt nennen

[Audienz bei der levantinischen Königin]

Foto: Arthur F. Selbach

Sie kann sich an eine 9000 Jahre alte Geschichte erinnern. Alle, die sich in der Levante herumtrieben, waren – gebeten oder ungebeten – bei ihr. Orientalische wie europäische Kultur sind ihr geläufig. Doch irgendwann geriet sie aus dem Blick. Jetzt ist die Insel als EU-Mitglied in Europa angekommen und will erneut erobert werden

Pastorale auf den Hügeln von Karpasia

Das bäuerliche Dasein im Norden, wo viele Türken aus Anatolien wirtschaften, ist eher hart und und karg als romantisch. Dennoch gibt's in einem Hirtenleben auch idyllische Schäferstunden

Foto: Murat Türemis

Salamis: Unter dem Steg ist der römische Hafen

Fisch ist Rarität, das Mittelmeer ziemlich leer gefischt

Kloster des heiligen Barnabas bei Salamis, heute archäologisches Museum

Wo ein Kafenion ist, gibt's auch ein Brettspiel

Papas Charalambos aus Nikosia

Zypern-Zedern im Troodos-Gebirge, dem kühlen und schattigen Wandergebiet im Hochsommer

Die EU zeigt ihren tiefsten Süden

Die bis zu 180 Meter hohen weißen Kalksteinfelsen an der Küste bei Pissouri gestalten Land's End, finis terrae

Foto: Arthur F. Selbach

Bellapais, ein Kloster mit Vergangenheit

Gegründet nahe Kyrenia für die Augustiner aus Jerusalem, erbaut im 13. und 14. Jahrhundert, heruntergekommen unter unkeuschen Prämonstratensern, 1571 dann den osmanischen Eroberern überlassen

Optimistisch? Schulkinder der griechischen Minderheit in Dipkarpaz/Rizokarpaso

Dieser Baum spendete schon den Kreuzrittern Öl

Ans Licht geholt: die Königsgräber in Paphos

Die große Ebene Mesaoria. Was aussieht wie eine Steppe, bringt Getreide und Gemüse hervor

Allenthalben Blütenpracht am Apfelbaum

30 Grad. Nur der Seewind bringt etwas Kühlung

Foto: Arthur F. Selbach

Einbahnstraßen gibt es viele in Nikosia

Ob im Norden oder Süden der geteilten Stadt, viele der malerischen Straßen enden als Sackgassen. Die Hoffnung auf ein durchgängiges Leben stirbt nicht

Machairas ist dem Himmel nah

Kurvenreich die Bergstraße, einsam die Lage, prächtig das Erbe von Byzanz. Das Kloster Machairas im östlichen Troodos-Gebirge wurde 1172 gegründet, nachdem an diesem Ort eine Marienikone gefunden wurde. Es gibt sie auch heute noch, und sie heilt alle Wunden

Foto: Arthur F. Selbach

Drei der jüngsten Bürger der EU in Vouni (Südzypern). Die in Vouni an der Nordküste gehören nur juristisch dazu

Foto: Murat Türemis

Griechen und Türken, doch zuerst Zyprioten

Text: Klaus Hillenbrand

Koloniales Joch, Bürgerkrieg, Teilung, Tod und Vertreibung – länger als ein halbes Jahrhundert haben beide Bevölkerungsteile gewaltig aneinander gelitten. Die Rechnung extremer Nationalisten aber ging nicht auf: Griechische wie türkische Insulaner empfinden zypriotisch

Wir sind in der Republik Zypern. Das Dorf Tera liegt eingebettet in einem üppig wuchernden grünen Tal mit Olivenbäumen im westlichsten Zipfel der Insel, dem Akamas-Gebirge. Die Häuser stehen, umgeben von Gärten, weit voneinander entfernt. Die kleine Moschee ist erhalten, aber verschlossen. Von dort geht die Sicht weit hinunter bis zur Chrysochous-Bucht.

Doch den alten Bewohnern von Tera ist dieser Blick nur noch Erinnerung. 1960 zählte Tera 525 Einwohner, sämtlich türkische Zyprioten. 1975, nach Putsch und Krieg, mussten sie alle flüchten. Heute leben die meisten in Larnakas tis Lapithou. Hier, am sonnenverbrannten Südhang des Pentadaktylos-Gebirges ist das Meer nicht zu sehen, aber die junge Frau Sevgül erzählt: Schon viermal sei sie in den vergangenen anderthalb Jahren in Tera, der Heimat ihrer Eltern, gewesen, und es sei dort wunderschön.

Im Norden der Insel, in der international nicht anerkannten Türkischen Republik Nordzypern, liegt Bellapais. Der Ort ist berühmt für seine Klosterruine aus dem 13. Jahrhundert, die über der Nordküste thront. Urlauber spazieren unter den gotischen Torbögen, laufen durch das Dorf und kehren in den Restaurants ein.

Die griechisch-orthodoxen früheren Bewohner von Bellapais – 1960 waren es 719 Menschen – dürfen bis heute nicht zurückkehren. 1974, mitten im Krieg, verließen sie ihre Heimat Hals über Kopf. Heute leben sie verstreut im Süden: in den kleinen Reihenhäuschen der Flüchtlingsviertel Nikosias, in der Hafenstadt Limassol oder in Larnaka. Nie werde er sein Ziel, die Rückkehr in die Heimat, aufgeben, sagt Konstantinos Orologas, der Exil-Bürgermeister der Hafenstadt Kyrenia, das von den Türken Girne genannt wird, in der Nähe von Bellapais.

Doch in Bellapais wie in Kyrenia leben inzwischen türkische Zyprioten. Auch sie sind 1974 vertrieben worden und stammen wie ihr Bürgermeister Ersel Tatlisu aus Mari an der Südküste. „Niemand will dorthin zurück", sagt der. Aber wie fast alle war auch er zu Besuch in Mari und befindet: „Die Häuser sehen schlecht aus."

In Tera wiederum haben sich einige wenige zyperngriechische Flüchtlinge angesiedelt. Und Larnakas tis Lapithou, dort, wo heute die Zyperntürken Teras leben, war ursprünglich ein griechisches Dorf. Auch deren Einwohner mussten im Krieg gehen. Der Ort ist in Kozan umbenannt und am Kirchturm fehlen die Glocken.

Bis heute ist Zypern von den Ereignissen des Sommers 1974 geprägt. Ein Putsch unter Anleitung der griechischen Militärjunta war der Anlass für die Invasion in Nordzypern durch türkische Truppen. Während im Norden die Zyperngriechen vor den Panzern flohen, wurden im Süden die Zyperntürken von nationalistischen Militärs verfolgt. Tausende Menschen starben. 162 000 Griechen, ein Drittel der Einwohner, wurden zu Flüchtlingen im eigenen Land. Mehr als 40 000 Türken verließen ihrerseits ihre angestammte Heimat im Süden. Seitdem ist die Insel geteilt und, wie es so kalt heißt, „ethnisch gereinigt".

Weite Gebiete im Norden der Insel sind immer noch „verbotene Zone", wie rote Hinweisschilder unmissverständlich klarmachen. Ländereien, ganze leer stehende griechische Dörfer, sogar ein komplettes Kloster sind von der türkischen Armee okkupiert. Mehr als 30 000 Soldaten hält Ankara auf Zypern stationiert.

29 Jahre lang durften sich Griechen und Türken nicht besuchen. Das Regime im Norden hielt die Demarkationslinie dicht. Dann, im April 2003, öffnen sich die Schlagbäume. Die Menschen sehen erstmals wieder ihre Heimat, treffen alte Freunde und Arbeitskollegen. Zyperntürkische Familien übergeben alt gewordenen griechischen Frauen deren Habe, die sie all die Jahre nicht angerührt haben. „Als die griechischen Besitzer in das Haus meiner Großmutter gekommen sind, hat sie ihnen ihre alten Kaffeetassen mitgegeben. Sie haben sich sehr gefreut", erzählt die 23-jährige zyperntürkische Sekretärin Fakriye Arik. Und was viele befürchteten, tritt nicht ein: Es kommt zu keinem einzigen Zwischenfall. Stattdessen feiern die Zyprioten gemeinsam Feste.

Viele Menschen auf beiden Seiten betonen immer wieder, dass sie eben nicht nur Griechen und Türken, sondern zuallererst Zyprioten sind. Tatsächlich sind die Ähnlichkeiten jenseits religiöser und sprachlicher Barrieren frappierend: Eine in Athen und Istanbul geradezu provozierend wirkende Sanftheit liegt über Zypern, kaum ein zu lautes Wort, wenig Autogehupe auf den Straßen, Zurückhaltung allerorten. Die Inselgriechen und -türken genießen die gleichen opulenten Gerichte, hören ähnliche Musik und sind überdurchschnittlich gebildet. Ist der Streit zwischen Griechen und Türken also nur eine Mär, erträumt von beschäftigungslosen Politikern und Diplomaten?

Die Fakten sprechen dagegen. Zwar ist die von UN-Soldaten bewachte Grenzlinie durchlässiger geworden, doch immer noch harrt der Konflikt einer Lösung – und das seit mehr als 50 Jahren. Gewaltig thront die sechs Meter hohe Statue von Makarios III. vor dem Erzbischöflichen Palast in Nikosia. Der 1977 gestorbene Erzbischof ist das Idol der griechischen Zyprioten geblieben. Viele pilgern noch heute zu seinem Grab auf einem Gipfel im Troodos-Gebirge. Makarios war freilich nicht nur geistiger, sondern auch weltlicher Führer. Nach der Unabhängigkeit 1960 hatte er auch das Amt des Präsidenten inne und sich schon zuvor nicht nur mit religiösen Fragen aufgehalten.

Im Jahr 1950, Zypern war britische Kronkolonie, organisierte der Klerus eine Volksbefragung unter den Gläubigen. Viele Griechen auf der bettelarmen Insel träumten seit Jahrzehnten von der *Enosis,* dem Anschluss an „Mutter" Griechenland. Im Museum des Nationalen Kampfes, gleich neben dem Sitz des Erzbischofs, stehen die dicken Bücher mit den Unterschriften wie Reliquien hinter Glas. 95,7 Prozent aller Zyperngriechen stimmten 1950 mit Ja. Und an die Spitze der Enosis-Bewegung setzte sich der wenige Monate später gewählte Erzbischof Makarios.

Das Plebiszit vor 55 Jahren markiert den Beginn des Konflikts mit der Minderheit der türkischen Zyprioten. Die Türkei lehnt die Vorstellung einer territorialen Vergrößerung ihres Erzfeindes Griechenland strikt ab, und ebenso reagieren viele Zyperntürken. Athen dagegen schlägt sich auf die Seite der fernen Verwandten in Nikosia und befürwortet einen Anschluss. Die Zypern-Frage gewinnt internationale Dimensionen.

1955 beginnen die griechischen Zyprioten einen Guerillakrieg gegen die britischen Kolonialherren. Die „Nationale Organisation des zypriotischen Kampfes" (EOKA) soll die Enosis herbeibomben. Als die Briten eine nur aus Türken zusammengesetzte Antiterror-Einheit aufstellen, kommt es zum ersten Blutvergießen zwischen den Volksgruppen. Nationalistische Zyperntürken bilden ihre eigene Terrortruppe „Türkische Verteidigungs-Organisation" (TMT) und verlangen die Teilung der Insel. Das Ergebnis: der erste Bürgerkrieg.

Als Kompromiss handeln Griechenland, die Türkei und Großbritannien 1959 die Unabhängigkeit Zyperns aus. Athen und Ankara erhalten eigene Truppenkontingente. London sichert sich die Souveränität über zwei Militärstützpunkte, die bis in die Gegenwart bestehen.

So kommt es zum wahrscheinlich einmaligen Fall, dass ein Land gegen die Interessen seiner Bewohner zum selbstständigen Staat wird. Entsprechend gebrochen ist das Verhältnis der Politik zur neuen Republik. Der junge Jurist Tassos Papadopoulos etwa wird zwar Minister unter Präsident Makarios, doch das hindert ihn nicht daran, verdeckt für die Vereinigung mit Griechenland zu werben. Auf der anderen Seite steht Rauf Denktasch, der sich vor allem Gedanken über die

UN-Kommando in der Pufferzone zwischen Athienou/Kiraciköy und Petrophani/Esendag in der Mesaoria-Ebene

Zementierung der Teilung macht. Heute ist Papadopoulos Präsident der Republik. Denktasch bestimmte jahrzehntelang die Politik der türkischen Zyprioten.

Im Museum des Nationalen Kampfes liegt das Neue Testament dort aufgeschlagen, wo die EOKA-Kämpfer ihre Eidesformel leisteten. Büsten und Bilder, Sandalen von Makarios und die Militärkarten von Guerilla-General Georgios Grivas erinnern an die beiden Führer. Am Ende eines Weges gelangt der Besucher zu Fotos der Gefallenen. Bei jedem Bild brennt eine elektrische Kerze. Die muslimischen Nachbarn kommen in diesem Heldenepos allenfalls im Kapitel „Türkischer Vandalismus" vor.

Auf der anderen Seite, im türkischen Teil von Nikosia, gibt es ein Museum mit dem gleichen Namen. Hier dominieren primitive Waffen und furchtbare Aufnahmen von Massakern an Zyperntürken das Bild. Am Ende des Ganges hängen Fotos moderner Häuser, glücklicher Kinder und eines würdevollen Rauf Denktasch. „Bleiben Sie auf dem Teppich", bittet der Museumswärter. Das fällt angesichts der Propagandaschau schwer.

Die griechische Ausstellung widmet sich dem Kampf in britischen Kolonialtagen. Ihr türkisches Pendant hat vor allem das Leiden der Muslime nach der Unabhängigkeit zum Inhalt.

Tatsächlich bricht der neue Staat schon Ende 1963 entlang der ethnischen Linien auseinander. Der zweite Bürgerkrieg entvölkert ganze Dörfer. Viele Zyperntürken fliehen in militärisch gesicherte ländliche Enklaven und städtische Gettos. Erst eine UN-Friedenstruppe kann das Blutvergießen beenden.

Zehn Jahre später, 1974, sind es vor allem die Griechen, denen während und nach der Invasion türkischer Truppen Furchtbares widerfährt. Die unterschiedliche Leidensgeschichte beider Volksgruppen aber hat sich in divergierenden Geschichtsbildern manifestiert, gegen die Friedensgruppen heute schwer anzukämpfen haben. Vielen Zyperntürken gilt die Invasion der Türken auch als eine Befreiung von Unterdrückung, während sie für jeden Griechen eine einzige Katastrophe darstellt.

Nun sind die beiden Museen des Nationalen Kampfes längst nicht mehr repräsentativ für das Denken der

[Völkerrechtlich ist Nordzypern eine Fata Morgana]

Im nordöstlichen Teil der Halbinsel Karpasia leben einige hundert griechische Zyprioten unter türkischer Besatzung

Auch hier: Zypern unter fremder Flagge, im griechischen Teil von Nikosia

Mehrheiten. Das Streben nach Wohlstand hat die nationalistischen Engstirnigkeiten längst abgelöst. Dennoch sind die historischen Identitäten nicht so leicht aufzulösen, beruhen sie doch auf kollektiven Erfahrungen. In einigen Köpfen steht der Feind noch immer auf der anderen Seite der Demarkationslinie.

Am Checkpoint Ledra Palace in Nikosia werden die Grenzgänger auf griechischer Seite mit den „jüngsten Morden" von Türken konfrontiert. Doch das dazugehörige Foto, das einen vor neun Jahren getöteten griechischen Demonstranten zeigt, ist in viele kleine Teile zerbröckelt und kaum mehr erkennbar. Die Grenzer winken lässig durch. „Türkische Republik Nordzypern für immer": Die Proklamation auf dem Dach der türkischen Grenzstation sieht zwar noch frisch aus, entspricht aber nicht mehr den Tatsachen. Denn 2004 stimmt eine deutliche Mehrheit unter den türkischen Zyprioten der Wiedervereinigung von Nord und Süd in einer „Bundesrepublik Zypern" zu. Doch die Griechen machen die Einheit mit ihrem Nein zunichte, obwohl sie doch all die Jahre eine Rückkehr der Flüchtlinge gefordert hatten.

Die Enosis will dort zwar niemand mehr. Doch Präsident Tassos Papadopoulos ist der von den Vereinten Nationen vorgelegte Friedensplan entschieden zu türkenfreundlich. Er beklagt die überdurchschnittliche Repräsentation der Minderheit in den vorgesehenen Staatsorganen und rät seinen Landsleuten zur Ablehnung. „Eine verpasste Gelegenheit" nennt UN-Generalsekretär Kofi Annan frustriert das Fehlschlagen seiner Bemühungen. Die Teilung bleibt bestehen.

Fast 30 Jahre lang hatte zuvor die türkische Seite unter Führung von Rauf Denktasch im Einklang mit der Türkei auf einen eigenen Staat gesetzt und damit jeden Kompromiss blockiert. Tausende streng gläubiger Immigranten aus Anatolien wurden ins Land geholt, mit denen die türkischen Zyprioten wenig gemein haben, denn der Islam spielt bei den meisten keine ausgeprägte Rolle. Die Türkische Republik Nordzypern blieb ein isoliertes Anhängsel der Türkei und wird auch nur von ihr anerkannt. „Nur unsere Esel sind Zyprioten", so diskreditierte Denktasch den Wunsch nach dem Zusammenleben beider Volksgruppen.

Doch dem alten Türkenführer kam Anfang des neuen Jahrtausends seine Bevölkerung abhanden. Die Menschen verlangten die Verständigung mit den griechischen Landsleuten. Inzwischen hält eine jüngere Politikergeneration mit dem 1952 geborenen Mehmet Ali Talat an der Spitze die Fäden in der Hand. Sie setzt auf eine Zukunft innerhalb der Europäischen Union.

Das haben die Inselgriechen schon erreicht. Seit dem 1. Mai 2004 ist die Republik Zypern EU-Mitglied – und nicht das ärmste. Rund 15 000 Euro beträgt der Durchschnittsverdienst der griechischen Zyprioten. Hochhäuser und glitzernde Geschäfte prägen heute das Bild in Nikosias Neustadt. Da bleiben die Zyperntürken deutlich zurück: Sie kommen nur auf etwa 7000 Euro im Jahr. Zwar sind auch die türkischen Zyprioten EU-Bürger, ist auch der türkische Teil formal Mitglied, doch solange der Konflikt nicht gelöst ist, liegen die europäischen Gesetze im Norden auf Eis. Völkerrechtlich bleibt Nordzypern eine Fata Morgana – ein Trugbild.

Deshalb setzen Staat und Presse vor jeden türkischen Titel ein distanzierendes „Pseudo": also Pseudo-Außenminister, Pseudo-Bürgermeister. Es gibt Pseudo-Flughäfen, Pseudo-Gerichte und natürlich den Pseudo-Staat. Das mag bizarr klingen und erinnert ein wenig an die berühmten Anführungsstriche für die DDR zu Zeiten des Kalten Krieges in der Bundesrepublik. Die praktischen Folgen für die Bewohner Nordzyperns sind drastisch. Ob beim Handel, im Flugverkehr oder in internationalen Gremien: Überall bemühen sich die Inselgriechen darum, direkte Beziehungen Nordzyperns zur Außenwelt zu verhindern. Das aber trägt mit dazu bei, dass der Norden wirtschaftlich im Abseits steht – und sorgt für tiefe Verärgerung unter den Inseltürken über die griechische Administration.

Dennoch überrollt nun ein ganz realer Bauboom den Norden – so wie schon seit Jahren im Süden. Und mit exakt denselben Fehlentwicklungen: Olivenhaine haben gegen Hotels und Ferienhaussiedlungen keine Chance, Naturräume werden großflächig zersiedelt. Ob mit oder ohne Genehmigung: Gebaut wird, was der Markt hergibt. Und der ist aufnahmefähig, weil jeder darauf hofft, dass das Ja der Zyperntürken zur Wiedervereinigung die Isolation bald beendet. Während meist billige Arbeitskräfte aus der Türkei einen Bungalow nach dem anderen hochziehen, arbeiten viele türkische Zyprioten lieber bei ihren griechischen Nachbarn, denn dort sind die Löhne ungleich höher. Was sie dort vor allem bauen? Ferienhäuser natürlich!

Türken und Griechen oder doch Zyprioten? Die Kette von Morden und Kriegen mag den Eindruck entstehen lassen, der Konflikt zwischen den beiden Volksgruppen sei unüberbrückbar. Doch wer am Checkpoint Ledra Palace sieht, wie sich die Insulaner gelegentlich um den Hals fallen, wer die Freudenfeste miterlebt, wenn sich alte Nachbarn wieder treffen, wer dabei ist, wenn die Menschen gemeinsam am Abend zur großen Tafelrunde zusammenkommen, kann nur zu dem Schluss kommen: In der Politik muss ein ganz großes Missverständnis vorliegen. ☐

Klaus Hillenbrand *ist Redakteur der Berliner* tageszeitung. *Zum Zypern-Problem hat er mehrere Bücher veröffentlicht.*

So schnell kommt man …
Der Sport-Van SEAT Altea Fresh. Ab 17.170 Euro.
Mit einem Preisvorteil von 1.140 Euro.
Mit serienmäßiger Autoclima bleibt der SEAT Altea Fresh auch dann cool, wenn Sie richtig aufdrehen. Erleben Sie sein atemberaubendes Design. Spüren Sie seine aufregende Fahrdynamik. Und profitieren Sie von seinem erstaunlich großen Raumangebot. Am besten, Sie fahren ihn gleich Probe. Bei Ihrem SEAT Partner.
… zu mehr Drehmoment.
Der Sport-Van SEAT Altea Sport Edition. Ab 19.470 Euro.
Mit einem Preisvorteil von 970 Euro.
Der SEAT Altea Sport Edition bringt alles mit, was Sportlerherzen höher schlagen lässt: agiles Sportfahrwerk, Sportsitze vorne, 17"-Leichtmetallräder, Climatronic und das Audiosystem mit CD-Player inklusive Multifunktionslenkrad. Was er sonst noch zu bieten hat, zeigt Ihnen Ihr SEAT Partner gern.
SEAT
auto emoción
seat.de
0 18 05 – 73 28 46 36 (0,12 EURO/Min.)

Ledra, Leukos, Nicosia, Lefkosia und Lefkoşa, viele Namen für eine Stadt. Angenommen und abgelegt wie die diversen Herrschaften, 2700 Jahre lang. Nie zuvor aber war die Hauptstadt geteilt, und darunter leidet auch die alte Bausubstanz. Doch es gibt Hoffnung: 50 Stadtplaner beider Seiten arbeiten gemeinsam

Text: Klaus Hillenbrand, Fotos: Frank Siemers

Französische Gotik mit zwei Minaretten – das gibt's nur in Nikosia. Die Selimiye-Moschee war zuvor die Sophienkathedrale. Sie liegt im türkischen Nordteil, die Phaneromeni-Kirche vorn bereits im griechischen Süden der Stadt

Und Nikosia bewegt sich doch

Kontrollposten an der „Green Line". Der Begriff stammt nicht von der Vegetation, er erinnert an den grünen Stift, mit dem die Demarkationslinie zum ersten Mal auf der Karte gezogen wurde

Nikosia. Wie Lefkosia und Lefkoşa

Die griechisch-zypriotischen Jugendlichen werden wohl noch einige Zeit unter sich bleiben. Nur die Stadtplaner beider Seiten haben es endlich geschafft, Kontakt-Ängste zu überwinden

An dieser Ecke wacht die griechisch-zypriotische Nationalgarde. Zum Kalten Krieg gibt's heißen Kaffee im nahen „Berlin 2 Café"

Kaffee (kafes, kahvesi) ist die Leidenschaft beider Volksgruppen. Zyperntürkische Senioren im restaurierten Viertel Arab Ahmet

Nikosia. Wie Kreuz und Halbmond

Im Hotel „Olympus“ an der Odos Ermou, der Hermes-Straße, gibt es keine frisch gemachten Betten. Die Türen des Gebäudes aus britischen Kolonialtagen bleiben seit mehr als 30 Jahren fest verschlossen. Auf der Ermou, dem einstigen Einkaufszentrum von Nikosia, bricht frisches Gras durch den brüchigen Asphalt. Manche Häuser sind nur noch Ruinen, deren Wände sich bedrohlich schief zum Gehweg hin neigen. Reklameschilder aus den sechziger Jahren des vorigen Jahrhunderts preisen über leeren und glaslosen Schaufenstern Waren an, die es schon lange nicht mehr gibt.

Die britischen Soldaten der UN-Blauhelmtruppe achten peinlich genau darauf, dass keiner der seltenen Besucher unbebaute Grundstücke am Wegesrand betritt: Dort könnten verborgene Minen den Ausflug jäh beenden. Die von den Vereinten Nationen kontrollierte Pufferzone ist nur wenige Meter breit. Doch sie zerschneidet Zyperns Hauptstadt Nikosia in zwei Teile.

Im größeren Süden leben mehr als 200 000 griechische Zyprioten, der Norden beherbergt rund 65 000 Zypern-türken. Auf beiden Seiten der Grünen Linie haben sich seit dem Krieg von 1974 die Militärs eingegraben: Aufgeschichtete Sandsäcke, alte Öltonnen und provisorisch anmutende Unterstände markieren die Grenzlinie. Das Betreten der Pufferzone ist, außer mit einer Sondergenehmigung der Friedenstruppe, strikt verboten.

„Die letzte geteilte Hauptstadt Europas“ – mit dieser zweifelhaften Auszeichnung darf sich Nikosia schmücken. Der Spruch steht am Ende der Ledra-Straße im Süden, einer Einkaufsmeile in der kreisrunden Altstadt. Die Fußgängerzone endet abrupt an einer kleinen Galerie mit Einblick in das UN-Gebiet. Die Szene erinnert entfernt an Berlin bis zum Fall der Mauer. Schwere Zwischenfälle hat es an der zypriotischen Demarkationslinie freilich bereits seit Jahren nicht mehr gegeben. Die Cafés neben der Aussichtsplattform sind sehr belebt – Sorgen um einen Krieg macht sich hier niemand.

Südlich und nördlich wuchern zwei Stadthälften in entgegengesetzte Richtungen. Und die halbierte Altstadt erscheint keineswegs museal. Bauwerke aus dem Mittelalter, wie die vor über 400 Jahren zur Selimiye-Moschee umgewandelte gotische Kathedrale der heiligen Sophia, wechseln sich mit einfallslosen Betonbauten ab. In engen Gassen stehen Häuser aus der Türkenzeit mit ihren hölzernen Erkern und kühlen Innenhöfen. Die britischen Kolonialherren wiederum haben der Stadt ihre viktorianischen Villen hinterlassen. Die Wälle der Stadtmauer mit den elf herzförmigen Bastionen stammen aus der venezianischen Zeit und die orthodoxen Kirchen erinnern daran, dass

Fehlen nur die Gäste. Doch die Touristen, die zu einem Tagesbesuch nach Nord-Nikosia herüberkommen, füllen die Lokale nicht

Nikosia überwiegend von Griechen bewohnt ist. So wetteifern die Epochen einträchtig miteinander. Ein Freilichtmuseum ist Nikosia jedenfalls nicht – aber ist es überhaupt noch eine Stadt oder sind es deren zwei?

Mit dem Bürgerkrieg von 1964 und der türkischen Invasion zehn Jahre später entstand nicht nur die undurchdringliche „Grüne Linie“. Auch die Menschen in der einstmals bunt gemischten Stadt mussten sich der Politik der Teilung unterordnen: Griechen flohen in den Süden, Türken in den Norden. Nur die vielen Kirchen und Moscheen blieben vom Zwangsumzug ausgeschlossen – nun stehen sie gleich mehrfach dort, wo keine ihnen wohlgesonnenen Gläubigen mehr leben.

„Die Leute werden wieder in ihren alten Häusern in der Altstadt leben“, beschreibt Michalakis Zampelas, der griechische Bürgermeister von Süd-Nikosia, seine Vision. „Sie werden wieder in der Pufferzone spazieren gehen können.“ Auch für seinen türkischen Gegenpart Kutlai Erk im Norden ist die Zukunft der geteilten Metropole keine Frage: „Natürlich ist Nikosia eine einzige Stadt.“

Untätig auf die „große Politik“ zu warten ist nicht die Sache von Zampelas und Erk. Gemeinsam mit den Vereinten Nationen, finanziert aus Töpfen der Europäischen Union und den USA sowie mit Fachleuten beider Seiten der Stadt, arbeiten sie am „Nikosia Master Plan“. Dieses Stadt-

Nikosia. Wie kahvesi und kafes

entwicklungskonzept sieht für die Zukunft zwei Alternativen vor, eine ohne und eine mit der trennenden Pufferzone. Die Bürgermeister machen keinen Hehl daraus, welches Modell ihnen lieber ist. Sind sie damit die Vorreiter für ganz Zypern?

Das hofft zumindest Lellos Demetriades. Der 72-jährige Vorgänger von Zampelas hat 30 Jahre lang den Süden der Stadt regiert und erinnert sich gut an den Beginn der bis heute auf der Insel einmaligen Kooperation zwischen den Bürgermeistern. „Lellos", wie der populäre Pensionär und Rechtsanwalt von allen gerufen wird, hatte 1974 nach Krieg und Teilung ein ganz praktisches Problem: Das Abwassersystem für Nikosia war fast fertig, aber die Kläranlage befand sich plötzlich in unerreichbarer Ferne im „feindlichen" Norden. Aber Lellos startete den Versuch einer Zusammenarbeit zum Wohle der ganzen Stadt. „Drei Jahre nach dem Krieg mit all seinem Leid galt es nicht wirklich als eine gute Idee, mit den Zyperntürken direkt zu sprechen", erinnert er sich. Schließlich gab es keinerlei Kontakte zu den als illegal gebrandmarkten Behörden im Norden. Demetriades: „Zu Beginn wollten sie uns fast erschießen für das, was wir da vorhatten."

So begann der Kontakt zu Mustafa Akinci, dem damaligen Bürgermeister von Nord-Nikosia. Auch der hatte seine Probleme: „Das Projekt widersprach den Vorstellungen der damaligen zyperntürkischen Führung absolut. Man wollte die vollständige Trennung von den Griechen – also auch zwei Städte Nikosia." Der studierte Architekt erinnert sich an seine erste Begegnung mit dem Bürgermeister von der anderen Seite in dessen Haus. „Der Sohn von Lellos wollte uns sehen und kam ins Zimmer. Dann sagte er: Papa, die Türken sehen ja genauso aus wie wir!"

Trotz aller Widerstände konnte das erste bikommunale Projekt auf Zypern realisiert werden – 1980 ging das Abwassersystem in Betrieb. Da hatten Demetriades und Akinci längst viel weiterreichende Pläne im Kopf: den „Nikosia Master Plan". Nun ist es aber nicht so, dass dessen Vorstellungen nur aus Papier bestünden.

Fünfmal am Tag ruft der Muezzin vom schlanken Minarett der Omeriye-Moschee die Gläubigen zum Gebet. Allzu viele sind es nicht, die in den schlichten Betsaal strömen. Denn Omeriye, benannt nach dem Kalifen Omar, befindet sich im griechischen Teil Nikosias, und es sind keine türkischen Zyprioten mehr, sondern Araber, die das Gotteshaus nutzen. Neben dem Gebäude weisen kunstvolle gotische Fassadenstrukturen darauf hin, dass hier früher die Sankt-Marien-Kirche des Augustinerklosters stand. Auf der anderen Seite der verkehrsberuhigten Straße steht das restaurierte türkische Bad aus dem 16. Jahrhundert mit seinen vielen Kuppeln. Einheimische sitzen in Cafés, Touristen entdecken das osmanische Ensemble – die Stadt lebt. Dank des Master-Plans. Denn noch vor einigen Jahren gehörte Omeriye und Umgebung zu den vernachlässigten Ecken der Stadt. Hinter gotischen Mauern hämmerte eine Autowerkstatt. Das türkische Bad glich einer Ruine und die wenigen Fußgänger mussten sich zwischen den Autos hindurchquetschen.

Ein wichtiger Programmpunkt im Master-Plan ist die Revitalisierung der Altstadt. Nach der Teilung Nikosias zog es immer mehr Menschen weg aus dem heruntergekommenen Zentrum mit der unsicheren Grünen Linie. Wer mag schon in einem Haus ohne Bad und mit der Küche über dem Hof leben? Viele der aus Lehmziegeln errichteten Gebäude standen leer. Wenn eine Fassade zu bröckeln beginnt und in den Wintermonaten der Regen die nackten Lehmwände aufweicht, ist es häufig zu spät: Das Gebäude beginnt sich zu neigen und ist bald unrettbar verloren. Noch heute befinden sich Plakate der Stadtverwaltung („Warnung! Gefährliches Gebäude!") vor viel zu vielen Häusern mit leeren Fensterhöhlen.

Die kleinkarierte Sicht der Dinge muss überwunden werden. Aber Probleme sitzt man noch aus, und der Weg zur Einheit ist steinig

Das Büyük Han, „die große Herberge", wurde auf Geheiß des osmanischen Eroberers Mustafa Pascha nach 1571 für türkische Händler gebaut

Enge Nachbarschaften in der Tenzimat-Straße. Hier haben die Sanierungsarbeiten des Nikosia Master-Plan-Teams begonnen

Nikosia. Wie Erk und Zampelas

Das gemischte Team des Master-Plans arbeitet dagegen an: 25 Griechen und 25 Türken, Stadtplaner und Architekten, die ihre Aufträge an lokale Baufirmen vergeben. Sie haben im griechischen Chrysaliniotissa-Viertel die alten Wohnhäuser in Schuss gebracht und die Straßen umgebaut. In den engen Gassen wurden viele Kunsthandwerksläden eröffnet. Die meisten Gebäude stammen vom Beginn des 20. Jahrhunderts, sind aber in der traditionellen osmanischen Art erbaut. Zur Straßenseite zeigen sie abweisend geschlossene Fensterläden, aber hinten öffnen sich die Häuser zu Innenhöfen mit Zitronen- und Orangenbäumen. Das Leben spielt sich abseits der Öffentlichkeit ab. Still wie auf dem Dorf sind die Straßen, nur am historischen Famagusta-Tor blüht abends die Kneipen-Szene.

Teile des baufälligen türkischen Quartiers Arab Ahmet sind dank des Master-Plans zu einem Schmuckstück für die ganze Stadt geworden. Das erneuerte Kulturzentrum avanciert zum Treffpunkt für Künstler beider Stadthälften. Am Bedesten, der früheren Hauptkirche der Christlich-Orthodoxen neben der Selimiye-Moschee, künden Schilder der Vereinten Nationen vom nächsten Projekt. „Unsere Arbeit beginnt zu wirken“, berichtet stolz Agni Petridou, die Leiterin der Master-Plan-Gruppe auf griechischer Seite. „Es wird wieder chic, in die Altstadt zu ziehen.“ Die blonde Griechin gehört von Anfang an zum Team. Für Agni Petridou ist die Arbeit für die Stadt und ihre Bewohner längst zur Lebensaufgabe geworden.

Fast 30 Jahre lang waren Besuche im jeweils anderen Stadtteil so gut wie unmöglich. Seit der Öffnung der Demarkationslinie am Ledra Palace Checkpoint im Jahr 2003 entdecken die Bewohner Nikosias ihre eigene Stadt neu. Türkische Zyprioten kommen zum Einkaufen in den wohlhabenden Süden. Griechen locken die Cafés und Restaurants rund um die osmanische Karawanserei Büyük Han im Norden. Gewerkschaftsvertreter und Friedensgruppen begegnen sich spontan und ohne umständliche Genehmigungsverfahren. Das betrifft auch das Team des Masterplans: „Endlich können wir uns, sooft wir es möchten, mit den Kollegen im Norden treffen“, sagt Agni Petridou. Schon heute wäre es den Zyperntürken möglich, auch im griechischen Süden zu wohnen. Doch die wenigsten wagen diesen Schritt – noch nicht.

Die Kooperation der Bürgermeister stößt bisweilen an die Grenzen der nationalen Politik. So beschwert sich der Zyperntürke Erk bitter: „Die Griechen wollen uns isolieren. Bis heute lehnen sie es ab, mich als Bürgermeister von Nord-Nikosia anzuerkennen.“ Sein griechischer Kollege Zampelas sagt dazu: „Ich kann ihn nicht Bürgermeister nennen. Ich nenne ihn meinen Freund.“ Zampelas weigert sich aus Prinzip, den Nordteil der Stadt zu betreten: „Ich lehne es ab, in meiner eigenen Stadt den Pass vorzuzeigen.“ Er ist nicht der einzige: Viele Zyperngriechen sehen in den Kontrollen der zyperntürkischen Polizei eine indirekte Anerkennung Nordzyperns – und reisen deshalb gar nicht.

Eine Reise ins gänzlich Unbekannte hat die Öffnung der Demarkationslinie dem Master-Plan-Team beschert: in die UN-Pufferzone. Zampelas konnte sich immerhin noch vage an seine Jugendzeit erinnern, als er das einstige Geschäftszentrum zuletzt betreten durfte. Die jüngeren Griechen und Türken des Master-Plan-Teams sind nie zuvor dort gewesen. Auch dieses schwer angeschlagene Gebiet soll gerettet werden. „Kleine Teams waren in Begleitung der Blauhelm-Soldaten dort“, berichtet Agni Petridou. „Wir haben 265 Gebäude registriert. Aber nur zehn konnten notdürftig gesichert werden, weil das Geld fehlt.“

Michalakis Zampelas, Kutlai Erk und die 50 griechischen und türkischen Kollegen vom Master-Plan-Team werden weitermachen im Kampf gegen die Zeit. Vielleicht können sie die gotische Sankt-Georgs-Kapelle aus dem 13. Jahrhundert retten, die vor dem Kollaps steht. Eigentlich ist sie ein Schmuckstück von Nikosia. □

Klaus Hillenbrand *wohnte in den Neunzigern unmittelbar an der Green Line. Mehrmals im Jahr besucht er Nikosia.* **Frank Siemers,** *Fotograf, hat noch nie auf so kleiner Fläche so viele Umwege machen müssen – nur wegen der Grenze.*

>> Stadtplan von Nikosia s. Seite 122

3750
FRITZ A WOLLNER

PALCOSCENICO
SICILIA
Ereignisse in Sizilien

Es gibt verschiedene Arten zu reisen: man kann es tatsächlich tun oder aber mit der Phantasie. Man kann jedoch auch ständig wegfahren, ohne jemals zu reisen. Wir wollen Sie hingegen zu einer wirklichen Reise verführen, wie sie die großen Persönlichkeiten des 18. Jahrhunderts, allen voran Goethe, mit der **Grand Tour** unternahmen: auf der Suche nach etwas Bestimmtem und glücklich, dabei etwas ganz anderes zu entdecken, wenn einer momentanen Intuition, einem Hinweis nachgegeben wurde. Sie haben gewiss bereits von den Natur- und Landschaftswundern Siziliens geträumt, von seiner tausendjährigen Geschichte, seinen Stränden, den vom Meer oder von der Erde zurückerstatteten archäologischen Schätzen phantasiert. Wir schlagen Ihnen vor, dieses Floß mitten im Mittelmeer einmal aufzusuchen, um die weniger begangenen aber um so mitreißenderen Pfade zu beschreiten, denn der Frühling ist die Blütezeit von Veranstaltungen und Festen. Die **Bühne Sizilien 2005** erwartet den Reisenden im Monat April mit einer breit gefächerten Auswahl an Theaterveranstaltungen (den Theatersaisons im Theater Massimo in Palermo, im Massimo Bellini in Catania und im Vittorio Emanuele in Messina), Literatur- und Musikereignissen (mit den Orchestern „Luglio Musicale Trapanese" und „Orchestra Sinfonica Siciliana – O.S.S.") sowie Sportveranstaltungen - abgesehen von den anderen großen, über das ganze Jahr verteilten Terminen. Das Altstadtzentrum von Brolo (Messina) und die dortige mittelalterliche Burg werden die „Medievalia" beherbergen, eine Reihe von kulturellen Initiativen, Ausstellungen, Konferenzen und Kostproben, deren Programm bis September läuft. In **San Biagio Platani** in der Provinz von Agrigent werden die Osterfeierlichkeiten fortgesetzt: dort kann man dem Wettbewerb zwischen den zwei Gruppierungen namens *Madonnara* (die Marienverehrer) und *Signurara* (die Christusverehrer) beiwohnen, den diese sich liefern, um ein großartiges Bühnenbild von geschmückten Bögen mit Skulpturen aus Broten und Zitrusfrüchten aufzubauen – ein originelles Zusammenspiel von Gastronomie und Architektur, mit dem das Zusammentreffen von Madonna und Christus verherrlicht wird.

So kann auf dieser **Bühne Sizilien** das Verlangen des Reisenden nicht über Schnelligkeit und raschen Konsum von Erfahrungen zum Ausdruck kommen, sondern über die Langsamkeit der Neugier – und das Staunen.

MUSIK **SPORT** **THEATER** **FOLKLORE** **RELIGION**

Datum	Veranstaltung
Von Ostern bis zum 4. darauffolgenden Sonntag	Archi di Pasqua (Osterbögen) - *San Biagio Platani (AG)*
Von April bis September	Medievalia - *Brolo (ME)*
Von April bis Oktober	Motorsportveranstaltungen - *Pergusa (EN)*
Von Januar bis Dezember	Luglio Musicale Trapanese - *Trapani*
	Symphonische Saison O.S.S. - *Palermo*
1.•2.•3. April	Dvorak, Konzert in a-moll oper 53 für Violine und Orchester Tschaikowsky, Symphonie Nr. 4 in f-moll oper 36
08.•09.•10. April	Schubert, Ouvertüren "in italienischem Stil" Do-Dur oper 17 Casella, Konzert für Klavier, Violine, Cello und Orchester (italienische Erstaufführung) Schubert, Symphonie Nr. 2 in B-Dur D125
15.•16.•17. April	Weber, Euryanthe, Ouvertüre oper 81 Weber, Konzert Nr. 2 in Es-Dur oper 72 für Klarinette und Orchester
22.•23.•24. April	Tschaikowsky, Konzert Nr. 2 oper 44 für Klavier und Orchester Tschaikowsky, Manfred oper 58
29.•30. April	Mandela für Klavier, Harfe und Streichorchester (Uraufführung) Dvorak, Ouvertüre oper 92 Dvorak, Symphonie Nr. 6 in D-Dur oper 60
	Teatro V. Bellini - *Catania*
1.•2. April	Symphoniekonzert mit Musik von Schickele, Berio, Strauss, Schumann
8.•9. April	Symphoniekonzert mit Musik von Rachmaninov und Shostakovich
18. April	Recital mit Stücken von Chopin
28. April	Recital "Ars Antica, Choir and Consort" mit Stücken von Banchieri
27. April/15. Mai	Don Pasquale von Gaetano Donizetti, Regie Marco Pucci Catena
	Teatro V. Emanuele - *Messina*
31. März bis 4. April	"Il fu Mattia Pascal" von Tullio Kezich nach Luigi Pirandello
14. bis 18. April	"Zwei Fremde im Zug" (delitto per delitto) von Craig Warner
21. bis 25. April	Volpone von Ben Jonson
22. April bis 2. Mai	L'aria del continente (Kontinentalluft) von Nino Martoglio
	Teatro Massimo - *Palermo*
16. bis 24. April	Salome von Richard Strauss

Agrigento

Hotel
Colleverde Park Hotel, vier Sterne, im Gebiet der archäologischen Ausgrabungsstätten mit Blick aufs Meer. Strada Panoramica dei Templi, Telefon +39/092229555.
Restaurant
Le Caprice, rustikal, mit Panoramaterrasse. Typische Agrigenter Küche. Via Panoramica dei Templi, Telefon +39/092226469.

Brolo

Hotel
Costa Azzurra, drei Sterne. An der Seepromenade. Auch vegetarische Küche. Via Marina, 66, Telefon +39/0941561223.
Restaurant
Il Giardinetto, mit lokalen Spezialitäten. Via Alcide De Gasperi 29, Telefon +39/0941561390.

Pergusa

Hotel
La Giara Park Hotel, drei Sterne. In einer ruhigen Gegend gelegen mit Schwimmbecken im Freien. Via Nazionale, 125, Telefon +39/0935541521.
Restaurant
"La Cirata", eingetaucht ins Grüne. Spezialität: Vorspeisen mit Meeresfrüchten. C.da Cirata, Nicosia (Enna), Telefon +39/0935640561.

Trapani

Hotel
Crystal, vier Sterne. Neues Gebäude, ideal für einen ruhigen Aufenthalt in der Stadt. Via San Giovanni Bosco 12, Telefon +39/092320000.
Restaurant
Ai Lumi, einfaches und charakteristisches Lokal mit Fischküche. Corso Vittorio Emanuele 75, Telefon +39/0923872418.

Palermo

Hotel
Hotel: Villa Igiea Grand Hotel, fünf Sterne. Patriziervilla vom Beginn des 20. Jahrhunderts mit Garten, Tennisplatz, Schwimmbecken im Freien. Salita Belmonte 43, Telefon +39/0916312111.
Restaurant
Scuderia, komfortabel, ideal mit klassischer und sizilianischer Küche. Viale del Fante 9, Telefon +39/091520323.

Catania

Hotel
Excelsior Grand Hotel, fünf Sterne. Neue Einrichtung, bei der Tradition und kostbare Details betont werden. Piazza Verga 39, Telefon +39/0957476111.
Restaurant
I tre bicchieri. Raffiniertes, im Detail gepflegtes Lokal mit typischer ausgesuchter Küche. Via S. Giuseppe al Duomo 31, Telefon +39/0957153540.

Messina

Hotel
Royal Palace Hotel, vier Sterne. Im Herzen des Einkaufscenters, mit jedem Komfort versehen. Via T. Cannizzaro 224, Telefon +39/0906503.
Restaurant
Casa Savoia. Typische Küche Messinas, es werden Raritäten aus dem alten Königlichen Theater Savoia verwahrt. Via XXVII Luglio 36/38, Telefon +39/0902934865.

Bei dem angepriesenen Produkt handelt es sich nach Angaben der Aphrodite eher nicht um einen Liebestrank

Hier ist's geschehen: Schaumgeboren entstieg die Göttin beim „Petra tou Romiou" dem Meer. Entweder am linken oder am rechten Felsen

APHRODITE KOMMT IN DIE SCHULE

MANCHMAL VERGESSEN DIE ZYPRIOTEN, DASS SIE NACHFAHREN DER GÖTTIN DER LIEBE SIND. DOCH DIE SCHULE UND EINE KULTURROUTE ERINNERN SIE DARAN

TEXT: OLRA HAVENETIDIS
FOTOS: WILFRIED BAUER

Kein Mädchen, keine Frau in Paphos und Kouklia trägt den Namen Aphrodite. Dafür die Geschäfte: Restaurants, Blumenladen, Supermarkt, Schuhladen, der Wasserpark. Überall schreit Aphrodite nach Kunden und Käufern, raunt aber auch von Intrigen und flötet natürlich von der Liebe.

Aphrodite ist Venus und Anti-Venus. Kypris. Prostituierte. Kythereia, die Retterin. Lügnerin, Anadyomene. Tochter des Uranos und der Geia oder Tochter des Zeus und der Dione. Schaumgeboren an der zyprischen Küste, aber für manche auch nichts als Einbildung. Aphrodite, behaupten sie, sei eine hellenisierte Verballhornung des Namens einer anderen: der orientalischen Göttin Astarte.

Jacqueline Karageorghis vereint alle Namen und Bedeutungen unter einem einzigen Begriff: Göttinnenkult. Seit 50 Jahren lebt die französische Archäologin in Nikosia, und genau so lange erforscht sie den Aphroditekult. Sie kennt alle Legenden, aber so schön die Mythen auch seien, so lieferten sie doch nur vage, schwer zu interpretierende Spuren.

Die archäologischen Funde, sagt Karageorghis, deuteten in ganz andere Richtungen. Sie wiesen nicht nur auf eine Göttin der Schönheit, der Liebe und des Krieges hin, sondern zeigten Einflüsse aus anderen Kulturen, den Kampf um die Aufrechterhaltung der Menschheit und die Anbetung von Fruchtbarkeit und Energie. Vieles spreche dafür, dass Aphrodite das Ergebnis eines bereits 9000 Jahre alten Göttinnenkults sei.

Gerade hat die Archäologin ihr neuestes Projekt abgeschlossen. Mit einem siebenköpfigen Team erarbeitete sie die „Aphrodite Cultural Route“, die quer über die Insel führt und alle wichtigen Stationen des Aphrodite-Mythos einbezieht: ihren Geburtsort im Meer, ihre Tempel, ihre geheimen Orte. Nicht nur Ausgrabungen und Museen, sondern auch die von Hesiod oder Homer erwähnten Stellen

150 Meter über dem Meer erhob sich in bester Lage der Aphrodite-Tempel von Amathous. Die Kalksteingefäße sind Nachbildungen, die Originale im Louvre

bestimmten die Stationen. Und dort erklären Schilder, welche Rolle der Ort im Aphrodite-Mythos spielt. 220 Kilometer lang ist die Straße der Aphrodite, vom Kap Greco im Südosten bis Polis im Nordwesten, vorbei an Paphos und Kouklia, den wichtigsten Stationen im mythischen Dasein der Aphrodite.

An der Grundschule in Kouklia unterrichtet Sotiria Chatsislavri, Lehrerin für Griechisch, Rechnen, Geografie, Geschichte und Aphroditekunde. Sie möchte, dass ihre Schüler mehr mit dem Mythos der Aphrodite verbinden als die Namen von Supermärkten und Nachtclubs. Darum ist die Göttin der Liebe in den Lehrplan gut integriert.

Frau Chatsislavri steht vor ihren 19 Schülerinnen und Schülern im Alter zwischen zehn und zwölf und fragt mit lauter Stimme: „Warum ist Aphrodite gerade für uns besonders wichtig?“ Hände fliegen in die Luft. Stathis darf antworten: „Weil sie hier aus unserem Meer gekommen ist.“ – „Sie ist geboren an der Petra tou Romiou“, sagt Despina und erzählt, dass sie diese Stelle so schön findet, weil dort die Wellen so wild gegen den Fels klatschen.

Petra tou Romiou. Ein Felsblock im Meer, nahe dem Ufer. Es dauert nicht lange, um ihn zu umschwimmen. Wer drei Mal herumschwimmt, wird ewig jung bleiben, heißt es. Am Strand haben Menschen die weißen Kalksteine, flach gerieben vom ewigen Salz, zu Herzen angeordnet. In einem der Herzen bilden kleinere Steine die Formel einer jungen Liebe: G + K, 17.4.4. An den Zweigen der Mimosenbäume und Büsche hängen viele kleine Tücher, Zeichen ebenso vieler Wünsche und Träume.

Niemand aber kommt zum Baden an diesen Strand. Hier einfach nur zu schwimmen, das wäre Blasphemie. Denn an diesem Stein, schreibt Hesiod, kam Aphrodite zur Welt: Kronos schnitt seinem Vater Uranos das Glied ab und warf es ins Meer. Dort trieb es in den Wellen, Schaum bildete

HESIOD WAR ORTSKUNDIG. NUN LAUFEN ALLE AUF SEINEN PFADEN

Die archäologischen Wege auf der Spur des Aphroditekults bieten vom hohen Ufer der Halbinsel von Akamas schönste Aussichten

Klatschmohn säumt den Weg der Aphrodite, und die Schulkinder von Kouklia kennen dazu eine Geschichte. Frau Chatsislavri, die Lehrerin, möchte, dass die zypriotische Göttin von ihren Landsleuten mehr als Mythos geachtet wird und sich nicht als Kunststofffigur vor Kneipen und Etablissements feilbietet

KYPRIDA, DIE ZYPRIOTIN. APHRODITE HAT VIELE NAMEN

sich, aus dem entstieg Aphrodite, auf einer Muschel stehend gelangte sie an Land. So ganz genau weiß in Paphos und Kouklia allerdings niemand, welcher der Felsblöcke nun derjenige ist, der Petra tou Romiou heißt.

Immer noch fragt sich die Archäoloin Jacqueline Karageorghis, warum ausgerechnet an dieser Stelle Hesiod, Homer, Aischylos, Mela und Nonnos die Göttin aus dem Meer haben steigen sehen. Sicher, die Stelle sei von erhabener Schönheit. Und aus dem Meer herausragende Felsblöcke seien auch in den altorientalischen Religionen immer schon Kultobjekte gewesen. Aber durch archäologische Funde lässt sich nichts beweisen – außer dass die Westküste Zyperns in der Kupferzeit das Zentrum eines Fruchtbarkeitskultes gewesen sein muss.

Nahe Kouklia und der Petra tou Romiou liegt das einstige Palaepaphos, Alt-Paphos. Hier befand sich ein bedeutendes Heiligtum der Aphrodite, ein Schauplatz sexueller Orgien. Seit dem 19. Jahrhundert graben die Archäologen. Mary Plant, eine Künstlerin aus London, hat sich hier ein Haus gekauft, weil sie Aphrodite nahe sein wollte. Die Liebesgöttin, sagt sie, inspiriere ihr Werk: Installationen aus Büchern, die sie mal wie Muscheln ausfächert, mal wie Flüsse und Tempel.

In der Schule fragt Sotiria Chatsislavri die Kinder, was Aphrodite symbolisiert. Die Finger gehen in die Höhe: „Schönheit." „Liebe." „Erotik." „Leben." Als nächstes möchte die Lehrerin wissen, welche Namen Aphrodite trägt. Die Blicke schweifen nach oben. „Was lest ihr denn

Das 1800 Jahre alte Mosaik in der Villa des Theseus zu Paphos zeigt die Waschung des jungen Achill. Erst später hat Aphrodite mit ihm zu tun: in Troja

an vielen der Geschäfte in Paphos?“ Namen erfüllen nun den Raum. „Kyprida, die Zypriotin“, „Paphia, die aus Paphos Stammende“, „Anassa, der Atem“. – „Richtig“, lobt Frau Chatsislavri, und ihre Stimme wird lauter. Was es bedeute, dass eine griechische Göttin in Zypern geboren sei? Und alle antworten im Chor: „Wir sind Nachfahren der griechischen Antike“.

„Vielleicht“, sagt Jacqueline Karageorghis, „vielleicht war Aphrodite sogar ein Geschenk Zyperns an den Okzident.“ All die Statuen, die Dokumente, ihre Forschungen haben in der Archäologin den Gedanken geweckt, dass Zypern der Ort gewesen sein könnte, an dem das Wesen der Aphrodite aus einem Fruchtbarkeitskult heraus erst entstanden ist, angereichert mit orientalischen Einflüssen und erst später hellenisiert. Nicht Griechenland hätte Zypern dann die Aphrodite überliefert, sondern sie könnte wirklich zypriotischen Ursprungs sein, schließlich biete die Insel den multikulturellen Hintergrund, auf dem solch ein Wesen gedeihen könne.

Als die Lehrerin die Schulkinder von Kouklia nach den Liebhabern von Aphrodite fragt, ruft Dimitroula: „Adonis!“ Wer war neidisch? Penelope meldet sich: „Hera und Ares!“ Erzählt eine Geschichte dazu! Vor Aufregung verschluckt Dimitroula die Wörter: „Ares hat sich in ein Wildschwein verwandelt und wollte Adonis töten. Als Aphrodite das merkte, lief sie barfuß durch den Wald und verletzte sich an einem Stachel.“ Und was ist dadurch entstanden? Die Schüler rufen: „Klatschmohn!“

Im Frühling verwandelt der Klatschmohn die Westküste Zyperns in ein rotes Meer. Bei Porto Latchi gibt es einen Teich, ein Feigenbaum überwuchert ihn wie ein Verbotszeichen. Feuchter Geruch, Glocken von Ziegen. Die Rinnsale von den felsigen Ufern spielen seit 2000 Jahren dieselbe Melodie. Wer hier, in der Loutra tis Aphroditis, badet, heißt es, bleibt ewig jung. Außerdem verliebe sich der Badende in die nächste Person, die er sehe. Ein Mann und eine Frau betrachten ihr Spiegelbild im grünen Wasser, der Mann greift nach einem Ast des Feigenbaumes. Plötzlich gerät alles in Bewegung, Tauben flattern umher, Blätter und Zweige fallen ins Wasser. Hier soll Aphrodite heimlich mit ihren Liebhabern gebadet haben. Liebhaber, die sie ihrem Gatten Hephaistos verschwieg. Er fand es trotzdem heraus.

Aphrodites Untreue hatte Folgen. Folgen, derentwegen Frau Chatsislavri ihre Klasse auch nach den Riten fragt. Peinliche Stille. Stathis, der den Unterricht sehr ernst verfolgt hat, meldet sich. „Im Tempel von Kouklia, da, äh, da gab es immer Feste." Und schweigt. Dann sagt er: „Und es gab diesen schwarzen Stein." Und schweigt wieder. „Und wer noch keinen Mann hatte, durfte vor diesem Stein beten." Frau Chatsislavri holt ein Blatt hervor und liest mit rascher Stimme: „Auf dem Heiligen Berg fanden Symposien statt. Die Jungfrauen mussten ihre Jungfräulichkeit der Göttin opfern." Eine Schülerin grinst. Die Lehrerin spricht weiter: „Und zwar mit jedem Mann, der sie wollte."

So viel die Dichter vom Heiligtum der Aphrodite in Paleapaphos erzählen, so wenig ist zu sehen. Nur Steine und Säulen in allen Größen und Formen, Reste von Mosaikböden. Der Himmel lässt Platz für Phantasien. Was hier wohl wirklich geschehen sein mag? Mit nichts als Hügeln im Rücken und allein dem Meer als Publikum? Diese Region, überhaupt die ganze Südwestküste, sei der zentrale Ort des Göttinnenkultes gewesen, sagt Frau Karageorghis.

Darum befinden sich rund um Paphos gleich sechs Stationen der Aphrodite-Straße. Immer noch graben Archäologen auf dem Tempelgelände, finden Statuen, Tonkrüge, Schmuck. Auch die Archäologin Jacqueline Karageorghis hat hier schon gegraben, wenn auch nur einen Tag lang: „Und an dem Tag habe ich ein Paar Ohrringe gefunden", sagt sie. Die sind jetzt im Nationalmuseum in Nikosia.

Auch in Amathous, dem südlichsten Punkt der Aphroditenroute, wird gegraben. Länger als 3000 Jahre ist es her, dass die ersten Menschen hierher kamen, ein Stadtkönigreich entstand. Hier soll Theseus nach dem Sieg über den Minotaurus die schwangere Ariadne zurückge-

NUR STEINE. DER HIMMEL LÄSST PLATZ FÜR PHANTASIEN

Zeitweise hat Aphrodite (rechts) ein wenig an Weiblichkeit eingebüßt. Der Popularität ihrer Wirkungsstätten schadete das keineswegs. Zu ihrem Heiligtum in Alt-Paphos (rechts unten) kamen selbst Pilger aus Rom. Im Felstümpel nahe Polis (links), der als Loutra tis Aphroditis, „Bäder der Aphrodite", berühmt geworden ist, plantschte die Göttin mit ihren Liebhabern

lassen haben. Gräber wurden gefunden und Statuetten von schwangeren oder gebärenden Frauen. Frau Karageorghis kennt alle diese Bilder; die Brüste, die ausgestreckten Arme, die Bäuche, und die Gräber seien der Beweis für die Anbetung der Fruchtbarkeit und des Lebens im Angesicht des Todes.

Zum Ende des Unterrichts in der Grundschule von Kouklia zeigt Frau Chatsislavri ihren Schülern Bilder von Aphrodite-Statuen aus dem Nationalmuseum in Nikosia. „Die Zyprer waren besondere Künstler damals", erklärt sie. Meist blickt Aphrodite auf den Abbildungen zum Himmel, schweift in die Ferne, das schmale, symmetrische Gesicht leicht zur Seite geneigt. Mit gelangweiltem Stolz muss sie Modell gestanden haben, die geflochtenen Zöpfe fallen ihr beiläufig über die Schultern, ihre geschlossenen Lippen lächeln arrogant, als wüsste sie, dass kein Betrachter ihr Geheimnis jemals entschlüsseln, dass kein Betrachter sie jemals in Wirklichkeit sehen und anfassen würde.

„Die Zyprer mögen stolz auf ihre Aphrodite sein", sagt Jacqueline Karageorgis, „aber sie kennen sie nicht gut". Zu selten wird sie eingebettet in den Kontext eines Matriarchats und Fruchtbarkeitskultes, in die Zeit, als Prostitution an sich ein heiliger Ritus war. Die Einheimischen sehen Aphrodite nicht als das, was sie wahrscheinlich ist, sagt die Archäologin: ein auf der Insel erschaffenes Wesen, mit vielen orientalischen und hellenischen Einflüssen.

Die Glocke. Stühle quietschen, die Schüler von Kouklia packen ihre Bücher, Hefte und Stifte ein und gehen nach draußen. „Kein Kind in der Gegend", sagt Vizebürgermeister Themis Filippidis aus Paphos, „das nicht wüsste, dass Aphrodite die Göttin der Schönheit und der Liebe ist. Aphrodite gibt den Menschen immer noch die Luft zum Atmen, aber das wissen sie nicht. Stattdessen benennen sie Schuhe und Kekse nach ihr." Das ärgert den jungen Philologen, aber glauben, was Takis Charalambos in der Taverne sagt, mag er denn doch nicht: dass nämlich alle Menschen in Kouklia direkte Nachfahren der Aphrodite seien.

Takis sitzt mit ein paar anderen Männern und Frauen in einer Kneipe am Hauptplatz von Kouklia. Vor 40 Jahren verbrachte er alle seine Sommerferien auf dem Ausgrabungsgelände und verdiente drei Cent am Tag. Er durfte dabei zusehen, wie der Archäologe Mister Mitford ganz vorsichtig mit einem Messer Sand von gefundenen Gegenständen kratzte. Als ein Mann auf einem Mofa hält, fragt Takis ihn: „Bist du ein Nachfahre der Aphrodite?" – „Ja", sagt der Mann und fährt weiter. □

MERIAN | TIPP Die Straße der Aphrodite

Aphrodite Cultural Route
Sie erstreckt sich quer über die Südhälfte Zyperns. Ihre Stationen sind Kultstätten und acht Museen. Da Blumen und Tiere zum Mythos Aphrodite gehören, befinden sich auf der Route auch Wanderwege. An allen Stationen informieren Tafeln.

Archäologisches Museum, Larnaka
Funde von Jungsteinzeit bis Römerzeit.
(I 5) Kalograion-Platz, Mo-Fr 9-14.30, Do auch 15-17 Uhr außer Juli/Aug., 0,75 CYP

Kition-Bamboula, Larnaka
Phönizische Heiligtümer des 8. Jhs. v. Chr., gewidmet Melkart und Astarte, der phönizischen Göttin der Liebe. Aphrodite galt hier im 13. Jh. v. Chr. als Patronin des Kupfers.
(I 5) ca. 500 Meter nordöstlich des Archäolog. Museums, Mo-Fr 9-14.30, Do auch 15-17 Uhr außer Juli/Aug., 0,75 CYP

Pierides Museum, Larnaka
Statuetten stellen die Anbetung von Göttinnen dar. Alte Landkarten zeigen die Einteilung der Insel zur Zeit des Göttinnenkults.
(I 5) Zinonos Kitieos 4, Mo-Do 9-16, Fr, Sa 9-13 Uhr, 1 CYP

Zypernmuseum, Nikosia
Hier steht die berühmte 2000 Jahre alte Aphrodite aus Soli. Tonfiguren (Statuetten und Köpfe) belegen den Göttinnenkult.
(b 4/5) Mouseiou 1, Mo-Sa 9-17, So und Feiertage 10-13 Uhr, 1,50 CYP

Municipal Museum, Agia Napa
Aphrodite als Schutzpatronin des Meeres, Informationen zur zyprischen Meeresfauna (220 Millionen Jahre alte Fischfossilien!).
(L 5) Agia Mavris 25 (Rathaus), Mo-Fr 9-14, Sa bis 13 Uhr, 1 CYP, ermäßigt 0,50 CYP

Kap Greco
Wanderweg und Kletterpfad vom Kap zum Gipfel eines Felsens. Hier soll sich das Pidalion mit der Aphrodite gewidmeten Tempeln befunden haben. Klippen und Meereshöhlen, mehr als 30 Orchideenarten.
(M 5) Südöstlichster Zipfel Zyperns

Amathous
Ruinen eines späthellenistischen Aphrodite-Tempels. In der Antike war Amathous für Prostitution und Menschenopfer bekannt.
(F 6) ca. 11 km östlich von Limassol, tgl. 9-17, Juni u. Aug. 9-19.30 Uhr, 0,75 CYP

Petra tou Romiou
Jeder Zyprer hält einen anderen Felsen im Meer für den der Aphrodite. Dem Mythos nach stieg die Göttin hier aus dem Meer.
(C 6) 25 km östlich von Paphos. Neben dem Kiosk gibt es eine Treppe zu einer Unterführung unter der Straße zum Strand.

Kouklia (Paphos)
Ausgrabungsgelände eines Heiligtums aus der späten Bronzezeit. 1600 Jahre (12. Jh. v. Chr.- 4. Jh. n. Chr.) war diese Stätte Mittelpunkt des Aphrodite-Kults. Hier fanden im Frühjahr die Aphrodisien statt, wobei die Pilger vom Hafen in Nea Paphos Richtung Heiligtum prozessierten. Auf dem Heiligtum zelebrierten der Priesterkönig und die Hohepriesterin die Hochzeit der Aphrodite, damit die Natur zu neuem Leben erwachen konnte. Am Tempeleingang saßen Frauen und warteten, bis sie von einem Pilger erwählt wurden. Mittelpunkt im Aphrodite-Heiligtum war ein schwarzer Kufstein mit wundersamen Kräften. Es handelt sich vielleicht um einen Meteoriten, der heute im Museum La Covocle auf dem Gelände zu sehen ist.
(B/C 6) Palaepaphos (Altpaphos), 14 km östlich von Paphos (kurz vor Kouklia rechts abbiegen), tgl. 9-16 Uhr, Eintritt 0,75 CYP

Bad der Aphrodite
In diesem Wasserbecken mit einer Felsenquelle überraschte Akamas, Sohn des Theseus, die nackte Aphrodite. Von da an traf sie sich hier mit ihren Liebhabern.

Aphrodite-Wanderweg (7,5 km)
Vom Bad der Aphrodite auf den 370 Meter hohen Hügel Moutti tis Sotiras bis Pyrgos tis Rigainis (Turm der Regina, Ruinen eines Klosters). Nahe einer uralten Galleiche gibt es einen Picknickplatz – angeblich schon Raststätte der Aphrodite nach dem Baden. Der Weg führt über Kefalovrisia zurück.
(A/B 4) Westlich von Polis; gepflasterter Weg vom Parkplatz zur Grotte.

Akamas
Die Landzunge, an der die Fruchtbarkeitsgöttin badete, beherbergt 530 Pflanzenarten, darunter Eukalyptus- und Erdbeerbäume, 186 Vogel-, 16 Schmetterlings- sowie 20 Reptilienarten und Mönchsrobben.
(A 3) Autostraße bis Fontana Amorosa

>> weitere Tipps im Infoteil ab Seite 101

Am Nissi Bay Beach Resort von Agia Napa. Im Wasser entginge man der glühenden Hitze, dem Hämmern der Techno-Boxen nicht. Hinten lauert ein Party-Kreuzer

Und ni
Sonne

emals geht die unter

Nachts schlagen in Agia Napa die Wogen höher als am Tag. Junge Leute aus aller Welt feiern hier andauernd Rosenmontag am Meer. Und da Skandinavier und Russen bekanntlich auch im Winter baden, kennt das beliebteste Strandbad Zyperns keine Ruhezeit ● Text: Michalis Pantelouris, Fotos: Hardy Müller

Wie alles in Agia Napa ist auch die Aufnahme von Nahrung unkompliziert. Eine der Fastfood-Straßen kurz vor der Invasion

Springer on the Rocks. Bungee Jumping war gestern, auf der Klippe der Nissi-Insel geht's ums Acapulco-Feeling

Zu den großen Sprüngen gehört auch Trip Hop aus Manchester

Auch bei einer eher bescheidenen Schaumparty gilt: sich seiner Haut erwehren und sich nicht einseifen lassen

So wird am Morgen die Fahne gehisst: Spannung auf das Seil geben, anfahren, der Luftwiderstand bläht das Tuch. Dann hebt sich der Gleitschirm über das Wasser, mitsamt dem baumelnden Touristen, der hinter dem Motorboot über dem blauen Meer hängt – ein jauchzendes Signal, dass ein neuer Tag begonnen hat am Strand von Agia Napa.

Bis die Sonne nachlässt und die Luft wieder zum Atmen freigibt, existiert kein weiteres Leben als am Saum des Meeres. Die Liegestühle sind belegt, auch wenn die Hirne noch schmerzen, als schlüge jemand mit einem in Säure getränkten Handtuch auf sie ein. Es war eine lange Nacht, genau wie die Nacht davor und auch die davor, und schon für den Griff zur Wasserflasche scheint der Körper zu entkräftet. Die stolzesten Segler der letzten Nacht, die am höchsten auf den Wellen der großen Party geritten sind, liegen am Morgen zerschellt vor der Brandung, elend und stumm.

Man könnte ein Buch lesen, würden die Seiten das Licht nicht so stechend reflektieren. Man könnte eine Sonnenbrille tragen, wenn man lange genug Urlaub hätte, um sich nicht um den Teint sorgen zu müssen. So wie es ist, geht nur: nichts. Vor allem nicht bewegen. Die Frauen öffnen, wenn sie auf dem Bauch liegen, die Schleifen rechts und links an den Bikinihöschen, entweder für die nahtlose Bräune, oder weil es sonst einfach nichts mehr gibt, was sie noch ausziehen könnten. Eine Stunde liegen, dann die Bänder verknoten und zehn Minuten ins Wasser, zackzack, auf Zehenspitzen über den glühenden Sand hüpfen, schnell durch die flache Brandung waten, kopfüber in die Tiefe, runterkühlen. Dann zurück auf die Liege.

Vier Urlaubertypen gibt es: Paare, Familien, Freundinnen und Fußballvereine. Freundinnen sind immer zu zweit, Fußballer immer unzählig. Am Tage reden die Gruppen nicht miteinander, weil selbst Hooligans nüchtern und mit brennenden Augen nicht den Mut finden, eine Frau anzusprechen, die nur ein Stück Schnur anhat. Alle anderen haben sich nichts zu sagen, und wegen der Sicherheit bleiben Familien mit Kindern sowieso am Hotelpool.

So vergehen die Tage am Strand ohne viele Worte, nichts bewegt sich, nur das bisschen Dünung, wenn eines der Partyboote vorbeifährt, die damit werben, dass sie Alkohol ausschenken dürfen und versichert sind. Einzig die Jungs, die mit ihren Freundinnen hier sind und deshalb nachts zu wenig Energie ans Trinken und Tanzen verlieren – sie stehen vor der Bretterbude von Jannis an und lassen sich von ihm am Gleitschirm hinter einem Boot herziehen, juhu und jihi schreiend, lebende Flaggen am Himmel, Beweis, dass es hier Leben gibt.

Es ist nur eine kurze Fahrt nach Deryneia, zehn Kilometer auf einer staubigen Straße. Das Exhibition Centre liegt etwas abseits, der Parkplatz ist leer. Vor der Tür versprüht aus vielen Düsen kunstvoll ein Springbrunnen sein Wasser, so dass es eine Kugel bildet, eine Einheit, einen kleinen Planeten Erde. Drüben, ein paar hundert Meter und einige Welten entfernt, liegt eine tote Stadt.

Die leeren Fenster der Hochhäuser starren wie Augenhöhlen aus gebleichten Schädeln, drumherum scharen sich die Flachbauten wie verstreutes Gebein. Ein Modell zeigt an, welches Haus einmal was dargestellt hat. In den Namen finden sich Begriffe wie „Sands“ und „Palace“, alles, was in den siebziger Jahren einmal Glamour versprochen hat. Übrig ist: Totes.

Drüben liegt Famagusta-Varosia. Auf der falschen Seite, denn als im August 1974 die türkische Armee die Promenade überrannte, verschwanden sie alle: Hoteliers, Touristen, Hoffnungen. An der Demarkationslinie spielen Soldaten im Hof ihres Wachhauses Basketball. Ein Plakat an einer Hauswand sagt: „Wir werden zurückkehren!“ Aber mit jedem Tag, der in der brennenden Sonne verdunstete, wurde der Wettkampf der Badestrände ein bisschen mehr entschieden. Und Agia Napa hat gewonnen, nicht den Krieg, nicht den Frieden, aber den Zustand.

Es waren einmal 16 000 Betten, die in Famagusta bereitstanden für die Urlauber, die sich nicht bewegen wollten, sondern nur in der Sonne liegen und aufs Meer starren. Als sie in der Sommersaison 1974 vom Rest der Welt abgetrennt wurden und leer bleiben mussten, handelte man schnell. Innerhalb von 30 Tagen stand ein funktionierender Rumpf des Pappkartons, der bis heute den internationalen Flughafen von Larnaca darstellt.

In dem winzigen Fischerdörfchen Agia Napa zog man Haus um Haus hoch, vorsichtig, flacher als drüben, um die Landschaft nicht komplett zu zerstören, aber genug davon, um wenigstens 10 000 Urlauber unterzubringen, die den ganzen Tag auf dasselbe Meer starren können. Und die am

Träume vor Napa Dreams: dass es heute Nacht passiert

Gestrandet in Agia Napa. Wer hier ist, macht alles mit

Abend, wenn die andere, zweite Fahne über der Stadt weht, in die nächste Schlacht ziehen. Wenn über den Hütten der Zeppelin aufsteigt, auf dem „Moulin Rouge" steht. Werbung für einen Keller, in dem „die besten Artistinnen aus Weißrussland und der Ukraine" für Geld das tun, womit Frauen aus der englischen Arbeiterklasse ihren Tag am Strand verbringen: Brüste und Hinterbacken zeigen.

In den Straßen rund um die alte Kirche schlendern rotgesichtige Paare an den Buden vorbei, meist besseren Wellblechhütten. Türsteher der thematisch sortierten Amüsierbetriebe versprechen, was keiner zu träumen für nötig befinden würde: Im Club „Abyss" wird die Tanzfläche mit Schaum geflutet, im „Chicago Rock Inn" gibt man Frauen, die oben ohne tanzen, zehn Schnäpse aus. Und im „Bedrock Inn", zwischen Pappmachéfelsen und Kellnern in Kostümen der Familie Feuerstein, bekommt jeder, der für 15 Zypern-Pfund ein „Bedrock Inn"-T-Shirt kauft, so lange kostenlos Bier ausgeschenkt, wie er das Shirt trägt. Und sich auf den Beinen hält. Am Karaoke-Mikrofon singt derweil ein Mädchen aus Wales „I Will Always Love You" für niemanden. Natürlich gibt es einen Dresscode in Agia Napa: Mädchen tragen, was sie auch am Strand getragen haben, nur mit ein paar Spitzen dran und etwas Durchsichtigem darüber. Jungs tragen Tätowierungen und eine Videokamera. In der „Coyote Bar" tanzt eine Blonde an der Stripstange. Die Linse einer Kamera ist schon weit unter ihrem Rock.

Agia Napa ist alt: 1366 wurde es erstmals schriftlich erwähnt. Damals muss die Gegend grün gewesen sein, denn der Name kommt von *nape,* „bewaldetes Tal". Wo seit gut 600 Jahren die Kirche steht, soll im 11. Jahrhundert ein Jäger eine Marienikone in einer Höhle gefunden haben.

Agia Napa ist jung – „das neue Ibiza!", hieß es, als vor ein paar Jahren die ersten englischen DJs anreisten und versuchten, einen hippen Party-Ort zu erfinden, mit Trip Hop, Garage House und was sonst noch der Musikgeschmack der Meinungsführer in London und Manchester war. Mehr als 50 Bars und Nachtclubs gibt es jetzt, noch mehr Restaurants, Tätowierstuben und Schnapsläden, Ableger von Burger King, McDonald's, Pizza Hut, Kentucky Fried Chicken und an der Einkaufsstraße Läden von Lacoste und Disney.

Die Discotheken sind mit Kulissen aufgemotzt, die sie als Schiff verkleiden, als Westernsaloon, als Ritterburg oder als antiken Tempel, dicht an dicht gedrängt, eine Favela des Entertainments. Manche der Lockvögel vor den Bars versprechen zwei Drinks zum Preis von einem, aber die meisten wissen, was die eigentliche Attraktion ist: „Zu uns kommen die schönsten Mädchen!" Jeden Abend die erneute Illusion, dass es eine Nacht mit Sex satt werden, dass jedes Bier, jeder Gin Fizz, jedes Lied, jeder Tanzschritt ein Stückchen näher zum Höhepunkt führen wird. Und wenn bei Sonnenaufgang die letzten Aufrechten ihre verwundeten Freunde ins Hotel tragen, dann ist das keine Niederlage, sondern nur ein Grund, es heute Nacht wieder zu versuchen – aber diesmal viel, viel härter.

Famagusta-Varosia, die leblose Ferienstadt nebenan

„Agia Napa ist eine Höhle der Ungerechtigkeit geworden!", sagt Vater Panagiotis Papageorgiou, der Priester der alten Kirche und des Klosters, das sie umgibt. Er hat ein Tagungszentrum daraus gemacht, weil seine Gemeinde heute aus Saisonarbeitern besteht, oft jungen Auslandszyprioten, die neben Griechisch auch perfekt Englisch sprechen und sich in den Bars und Geschäften einen langen Sommer finanzieren. Es gibt kein Dorf mehr. Aber Vater Papageorgiou ist wahrscheinlich der Einzige, der das beklagt.

In den Stunden zwischen dem kleinen Tod und dem neuen Leben, zwischen dem ersten Sonnenstrahl und dem ersten Sonnenöl, ist die Luft über Agia Napa erfüllt vom Geklapper der Rasensprenger. Straßenfeger schieben Flaschen und verlorene Haarreifen zusammen, Flugblätter für vergangene Partys und zerknüllte Zigarettenschachteln. An den Balkongeländern der Strandhotels trocknen bunte Badehosen, und am Hafen fährt der Bierkutscher seine Paletten mit einer Sackkarre auf ein Partyschiff.

Das Schiff wird nachher die Tagesgäste an der Küste entlangfahren, um die Südostspitze der Insel herum, bis vor den Strand der Toten Stadt. Wer noch schwimmen kann und dem Technobeat für eine halbe Stunde entsagen will, der wird ins Wasser springen. Ein neuer Tag für Agia Napa. □

Michalis Pantelouris, *Enkel eines griechischen Zyprioten, fuhr lieber nach Agia Napa als zu Verwandten, weil er dort erst nach 15 Mahlzeiten wieder wegkommt.* **Hardy Müller,** *geboren 1965, Fotograf, staunte über die freundliche Zugewandtheit der Gastnationen untereinander.*

Das Dolce Vita starb in der Pufferzone vor Varosia

Das Laona-Plateau im äußersten Westen Zyperns. Hier liegt Arodes

Der Frieden von Arodes

Nie kam es in Arodes zu ethnischen Spannungen: Streit kostet zu viel Kraft, und die ließen die Dörfler lieber im Weinberg und auf dem Maisfeld. Nun, nach langer Zeit, gedeiht hier erneut das zarte Pflänzlein Freundschaft

Text und Fotos: Frank Rothe

Er ist immer der Erste. Wenn die Spatzen frühmorgens Lärm in den Baumkronen schlagen, verlässt Christos Stephanou sein Haus und läuft den kurzen Weg zur Mitte des Dorfes. Dort befindet sich neben der 500 Jahre alten Kirche Agios Kelandion das Kafenion. Der Rentner steckt den Schlüssel ins Vorhängeschloss. Eigentlich braucht hier niemand abzuschließen, in Arodes wird nicht geklaut. Doch einer muss ja am Morgen herkommen und das Tor zur Welt öffnen. Kaum, dass Stephanou die Tür mit einem Haken gesichert hat, hört man die schlurfenden Schritte von Savvas Droushiotes, dem alten Lehrer.

Droushiotes lässt sich auf einem weißen Plastikstuhl nieder, rückt die Brille zurecht und schiebt seinen Hut in den Nacken. Augenblicke später taucht hinter einer Mauer der Kopf von Papa Charalambos auf. Er ist der Priester von Arodes. Und als Nächster erscheint George Mouskos, langsam, gebeugt und am Stock, ein 90-jähriger Mann. Ein Leben lang hat er in den Weinbergen gearbeitet, die Stöcke von Schädlingen befreit und im Spätsommer die Trauben gepflückt, aus denen der gute Wasilikon oder Arios Onoufrios wird. Weine, die hier niemand trinkt, weil sie zu teuer sind. Eine halbe Stunde später sitzen sieben der knapp 60 Menschen von Arodes im Kafenion. Meist wird geschwiegen, während die Löffel in den kleinen Tassen gegen das Porzellan klicken, bis der Lehrer etwas sagt. Es geht um die Europäische Union und die Preise für Schafwolle.

Früher war das Kafenion die Schule für die griechischen Kinder. Die türkischen hatten ihre eigene in Kato Arodes, 200 bis 300 Meter weiter. Dort gab es eine Moschee, besser gesagt, einen Gebetsraum. Der ist heute verschlossen. Über dem Eingang ist noch schwach der eingemeißelte Halbmond zu erkennen. Der Halbmond existierte in der Gegend um Arodes genauso wie das orthodoxe Kreuz, obwohl es mehr Kreuze als Halbmonde gab. Vielleicht sprach deshalb die türkische Minderheit Griechisch, während die Griechen kaum Türkisch sprachen.

1974, ein Jahr nach dem Krieg, wurde das Land geteilt und von den etwa 1000 Menschen in Arodes zog ein großer Teil in den von der Türkei besetzten Norden. Mit der Zeit verfielen eine Menge Häuser, der Friedhof wurde nicht mehr gepflegt, die Schule brannte schon vor vielen Jahren aus. Doch einige türkische Wörter leben in der griechischen Sprache der Zyprioten fort, so wie *mahala*, Nachbarschaft,

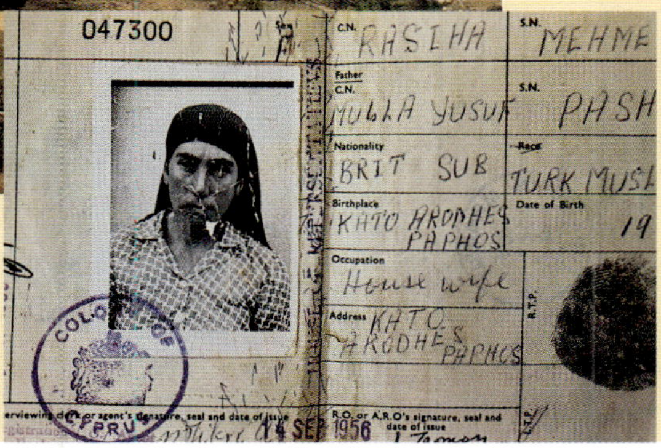

Griechisch-türkisches Gemeinschaftsunternehmen: Vedat und Yilbay helfen Nikos in Arodes bei der Feldbewässerung

Eine Kennkarte aus der Kolonialzeit, als man nicht Zyperntürke oder -grieche, sondern British Subject war

oder *hade*, was „lass uns gehen" heißt. Und das haben die türkischen Nachbarn getan.

Wenn etwas die Gemüter der alten Männer im Kafenion erregt, dann ist es die Zeit ihrer jungen Jahre. Und die haben sie gemeinsam mit den Türken verbracht. Sie reden von damals, als die Türken noch im unteren Teil, Kato Arodes, lebten und die Griechen im oberen, Pano Arodes. Die Grenzen waren fließend. Wer Geld brauchte, borgte es sich bei den Türken, den guten Wein gab es beim Griechen, die Haare wurden wiederum beim Türken geschnitten, der auch die besseren Oliven hatte. Der Schafskäse war wohl wiederum schmackhafter beim Griechen. Doch darüber lasse sich streiten.

In Arodes wird die Zeit in Jahrzehnten gemessen. Die sechziger und siebziger Jahre waren prägend. Erst kamen Gas, Leitungswasser, Strom, Fernsehen und dann Krieg und Teilung. Über die neue Straße rollten die Busse, mit denen im August 1974 die türkischen Bewohner das Dorf verließen.

Auch die Familien von Yilbay Kondara und Vedat Tek flüchteten, allerdings zu Fuß. „Fast 100 Kilometer sind wir gelaufen", sagt der heute 44-jährige Yilbay. Vedat, 40, schaut auf seine Füße, als würden sie die Erinnerung wachrufen. Es war das erste Mal, dass sie das Dorf verließen, die Kälte nachts in den Bergen, die Pfade mit immer karger werdender Vegetation – für die Kinder ein Abenteuer. Die Eltern empfanden das anders. Mit der Flucht begann das Leid. Vedats Vater starb zwei Jahre nach der Ankunft im Norden. Auf dem Friedhof von Kaputi, der neuen Heimat von Vedat und Yilbay, stammen die meisten Gräber aus jener Zeit. Damals sah es so aus, als sei der Rückweg nach Hause für immer versperrt.

In Arodes hingegen erschienen griechische Flüchtlinge aus dem Norden. Dann geschah lange Zeit nichts. Man hütete Ziegen, erntete Wein, heiratete, zog weg, starb. Von den früheren türkischen Nachbarn gab es lange keine Nachrichten. Doch dann kam der 23. April 2003. Seit diesem Tag dürfen sich türkische und griechische Zyprioten in beiden Teilen der Insel wieder frei bewegen.

Im Supermarkt „Akamas" ist es still. Ein paar Fliegen surren hin und her auf der Suche nach einem Landeplatz. Pagona Stephano, 65, und ihre Schwester Anthousa Stephano, 75, sitzen auf ihren Stühlen und schauen aus der Tür ihres Geschäfts hinaus auf die Straße. Der Supermarkt, gleichzeitig Post- und Tankstelle, befindet sich kurz vor dem Ortsausgang von Pano Arodes. Die meisten Kunden der Schwestern sind aus Arodes. Sie kommen, um Diesel zu tanken, Gas, Brot oder Brandy zu kaufen. Viel mehr bietet der Supermarkt „Akamas" auch nicht an. Die Öffnungszeiten werden durch die verschlossene oder geöffnete Eingangstür angezeigt, und die steht jetzt eben offen. Ein Jeep mit zwei Männern fährt vorbei. Es sind Yilbay Kondara und Vedat Tek.

Vedat und Yilbay kommen oft in ihren Geburtsort. Auch Nikos Krassaris, ein 52-jähriger Geschäftsmann aus Nikosia, der ebenfalls aus Arodes stammt, kehrt an den Wochenenden immer in das Haus seiner Eltern zurück. Er erinnert sich noch an den Tag, als in den Bussen die Türken und auf der Straße die Griechen weinten und sein Vater sagte: „Heute verliere ich meine besten Freunde."

Längst ist Nikos mit Vedat und Yilbay befreundet. Wenn sie sich treffen, geht es zuerst ins Kafenion. Dort sitzen wie immer der Wirt, der alte Lehrer, der Pope und der Weinbauer. Jeder umarmt die beiden Türken und küsst sie auf die Wange. Es gibt Kaffee mit viel Zucker. Erst wird über das Wetter, die Ernte, die Weinstöcke und die gute Luft geredet. Dann über Geld und Politik. Der Name des Dorfes ist bereits eine Art gesamtzyprische Zau-

Die Stammgäste des Kafenion von Arodes. Sie gehen von hier eigentlich nur fort, um einen Grund zur Wiederkehr zu haben

berformel. Es habe hier nie Streit gegeben zwischen Griechen und Türken, versichert Christos Stephanou, und das sei das Besondere an Arodes. Selbst während des Krieges gab es keine Übergriffe, keine Verbrechen. Niemand kann die Ursache für den Frieden von Arodes erklären. „Es war eben so. Wir mochten uns", sagt der Lehrer. Die anderen nicken.

Die Männer schauen auf den Platz vor der Kirche, der neu gepflastert werden soll. 95 Prozent zahlt die Regierung, fünf Prozent kommen vom Dorf. Die Steine sind schon geliefert, doch die Bauarbeiter fehlen. Es geht um die Zukunft von Arodes, sie alle wissen, dass etwas passieren muss, soll Arodes nicht sang- und klanglos aussterben. Nikos will Touristen herholen, Apartmenthäuser für anspruchsvolle Urlauber bauen. Die Bedingungen, sagt er, seien ideal: „Arodes hat gute Luft. Selbst im Hochsommer ist es hier nie richtig heiß."

Yilbay und Vedat hingegen träumen davon, die Häuser ihrer Eltern, die längst zusammengefallen sind, wieder aufzubauen. Vielleicht für ihre Kinder oder für sich selbst. „Arodes wird nicht so wie früher sein, aber es soll wieder leben", sagt Vedat.

Nach dem Kaffee laufen die drei Freunde einen Feldweg entlang, vorbei am alten Friedhof der Türken, der von Bäumen überwachsen ist und dessen Gräber eingefallen sind. Vedat springt über eine kleine Mauer und läuft auf das Feld seiner Eltern, das heute von Griechen bewirtschaftet wird. Bricht eine Artischocke ab und teilt sie mit Yilbay und Nikos. An der Wasserstelle weit unten in Kato Arodes trinken sie. „Hier haben wir als Kinder gebadet", sagt Yilbay.

Sobald sie wieder im Norden, in Kaputi sein werden, wird sie die Sehnsucht nach Arodes einholen. Sie werden Nikos anrufen und wieder herfahren, ins Kafenion gehen, die Straßen entlanglaufen, Artischocken essen, Wein trinken.

Die Nacht beginnt in Arodes um 21 Uhr. Bis dahin sitzen die Dorfbewohner vor ihren Fernsehern. Dann gehen sie schlafen. Die Spatzen verstummen und die Kröten übernehmen die Geräuschkulisse. Um Mitternacht schimmert nur noch der weiße Anstrich der gekalkten Häuser und wirft ein mattes Weiß zurück. Nur in einem Haus in Kato Arodes brennt noch Licht. Zusammen mit ihrer Mutter Sevim Kanatli sitzt Nasrin vor dem Fernseher. Die beiden Frauen, 40 und 22 Jahre alt, sind türkische Zypriotinnen und leben seit einem Monat hier. Es sind die ersten Türken, die zurückgekommen sind. Sogar in der Kirche waren die gläubigen Muslime. Zur Ostermesse. □

Frank Rothe *schreibt und fotografiert für internationale Zeitschriften. Während seiner Woche in Arodes passte er sich dem geregelten Trott des Dorfes an. Ihm blieb auch nichts anderes übrig.*

MERIAN | INFO Dörfer auf dem Plateau

Arodes gehört wie Ineia, Drouseia, Akourdaleia und Kathikas zu den **Dörfern der Laona** („Plateau"-Dörfer). Die beschauliche, schöne Gegend lohnt einen Tagesausflug, aber ist auch als Standort für Reisende, geeignet, die Ruhe abseits der Städte und Touristenzentren suchen. In den Bergen nahe dem **Naturschutzgebiet der Akamas-Halbinsel** steht die Luft nie still, im Hochsommer bietet das Mikroklima einen angenehmen Gegensatz zu dem an den Stränden. Abseits der Hauptstraßen liegen die Dörfer dicht beieinander, in allen hat sich seit vielen Jahrzehnten kaum etwas geändert. Wer die Beschaulichkeit schätzt, kann sich zum Beispiel im Hotel **Sapho Manor House** in Drouseia einmieten. Das Haus ist 2002 nach dem Original von 1912 restauriert worden und verfügt über sieben Apartments mit Bad/WC und Kitchenette sowie einen Swimmingpool. (40 km vom Flughafen Paphos)
Cyprus Agrotourism Comp.
www.agrotourism.com.cy
Tel. (003 57) 22 34 00 71
Fax (003 57) 22 33 97 23

WO SONST GIBT ES FLAMINGOS AM MORGEN,
ROSA DELPHINE AM NACHMITTAG UND PINKFARBENE COCKTAILS AM ABEND?
UNIQUELY
Singapore
Das gibt es nur in Singapur. Beginnen Sie einen perfekten Tag mit einem Frühstück am Flamingo Lake. Beobachten Sie rosa Delphine oder unternehmen Sie einen Spaziergang durch die tropischen Gärten voll unzähliger wunderschöner Blumen. Und wenn die Sonne untergeht, können Sie in einer eleganten Kolonial-Bar einen Singapore Sling genießen. Erleben Sie eine einzigartige Reise. www.visitsingapore.de

Der Pope Constantinou beendet in der Panagia tou Moutoullas die Andacht. Seine kleine Kirche ist der Urtyp der Scheunendachkirchen im Troodos-Gebirge

Der Gesang der Män

Im Troodos-Gebirge gibt es zehn Kirchen, deren byzantinische Malereien weltberühmt sind. Immer mehr Besucher kommen, doch immer mehr Einheimische gehen. Schon sind viele Dörfer verlassen und die Choräle in den Kirchen werden leiser und schwächer

Text: Olra Havenetidis, Fotos: Murat Türemis

ner von Moutoullas

Die prächtig verzierte Ikonostase der Panagia Kykkotissa, der Kirche des Klosters Kykkos, zeigt Ikonen aus dem 17. und 18. Jahrhundert

Das reichste

Kloster Zyperns spiegelt sich im Glanz

Die Panagia tou Asinou nahe Nikitari ist eine beliebte Taufkirche. Zuerst wird der Kopf des Täuflings mit Öl betupft und danach folgt das „Vollbad“

Und was gesch

ieht nun? – Jetzt wird getauft!

Prozession um die Kirche von Moutoullas. Wie alle Scheunendachkirchen ist sie von außen unscheinbar

Finsternis herrscht in dem 725 Jahre alten Gemäuer. Zu hören ist der zittrige Gesang alter Männer. Miltiades Constantinou holt ein Elektrokabel und wirft es schwungvoll über eine Marien-Ikone. Da baumelt es nun vor den Augen der Mutter Gottes. Der Pope verschwindet noch einmal und taucht mit einer Glühbirne zwischen den Fresken wieder auf. Und es wird Licht. Noch immer zittern die Stimmen der Alten.

Die Bauern Janis, Charalambos und Neophitos singen einen Psalm von der Jungfrau Maria. Doch in der Dunkelheit sind ihnen die Wörter durcheinander geraten. Mitten hinein in ihren Gesang murmelt der Pope, sie könnten jetzt ja wieder sehen. Dann verschwindet er hinter der Mutter Gottes. Weihrauch holen.

Constantinou ist der Pope von Moutoullas, einem 900 Meter hoch gelegenen Dorf im Troodos-Gebirge. Zyprioten denken bei Troodos an Kirschblüten, Eukalyptus- und Apfelbäume, den fast 2000 Meter hohen Olympos, an Mufflons und Schlangen. Troodos steht aber auch für harte Feldarbeit und die Abwanderung der Jugend. Nicht wenige der Dörfer im Zentralmassiv Zyperns sind nur noch Ruinen.

Theologen, Kunsthistoriker und Pilger verbinden mit dem Gebirge etwas anderes: Wunderwerke der Kunstgeschichte. Zehn mittelalterliche Satteldachkirchen, auch Scheunendachkirchen genannt, sind Kleinode byzantinischer Malerei. Die UNESCO hat sie zum Weltkulturerbe erklärt. Constantinous Kirche, die Panagia tou Moutoullas, gilt als das älteste originale dieser Gotteshäuser, es ist weltberühmt, doch eben manchmal, wenn die schwächelnden Stromleitungen des Nachbarhauses streiken, ohne Licht.

Die zehn Kirchen ähneln sich wie Geschwister: erbaut zwischen dem 11. und 15. Jahrhundert, vollständig ausgemalt mit Fresken. Ein schräges Holzdach, mit Ziegeln gedeckt, soll sie vor Unwetter schützen. Manche verstecken sich zwischen Kiefern und Zedern, andere thronen auf Hügeln und schauen auf Orangenbäume. Fast alle haben nur ein einziges Schiff und das gedeckte Holzdach – ein Zeichen für die bescheidenen Mittel im Troodos. Einige der Bauten haben über die Jahrhunderte schwer gelitten. Invasoren zerkratzten die Fresken, fast alle Außenbilder sind verschwunden, viele Malereien im Inneren zerstört.

In der Panagia Araka bei Lagoudera zeigen die Malereien Jesus und die Apostel schwebend in schmalen Gewändern, meerblaue Flügel ruhen auf Engelsschultern, die den Hirten den Weg zur Geburtsstätte Jesu weisen. Im Agios Michalis in Pedoulas dominiert ein einfacher, linearer Stil mit Schwarz als Hintergrundfarbe. Die Themen der Fresken sind leicht zu erkennen: Christi Geburt, Kreuzigung, Taufe, Judaskuss und Himmelfahrt.

Im Agios Nikolaos tis Stegis bei Kakopetria erlaubt das Licht einen Blick auf das ernste, verhaltene Wesen der Heiligen. Fast scheinen sich die 40 Märtyrer von Sebaste zu bewegen, so fein sind die Linien und Gesichtszüge gezeichnet. Ein Fresko zeigt Maria, Jesu Lippen an ihrer Brust.

Im Agios Ioannis Lampadistis in Kalopanagiotis vereinigen sich gleich zwei Kirchen und eine Kapelle unter einem Dach, drei Ikonostasen stehen

Die nicht ganz heile Welt der Fresken

In der Kirche von Moutoullas: Flankiert von den Erzengeln und gestützt von den Kirchenvätern trägt die Jungfrau Maria Christus im Medaillon

hier, es ist ein Labyrinth des Glaubens. Der Chor der heiligen Männer in rostroten Umhängen und vier Kirchenväter mit langen Bärten wachen im Narthex strengen Blickes über das Geschehen – Bilder des Jüngsten Gerichts. Diese Kirche steht nur 1000 Meter entfernt von der Panagia tou Moutoullas des Popen Constantinou.

Der Psalmgesang der Alten von Moutoullas ist verstummt. Constantinous weißer Umhang umweht seine Gemeinde. Er schreitet an den etwa 20 Gläubigen vorbei und schwenkt ein Seil mit zwei Kugeln an den Enden. Weihrauch erfüllt die Luft. Nacheinander schlagen alle dreimal das Kreuz. Nach der Liturgie prozessiert die kleine Gemeinde um die Kirche. Constantinou trägt die Ikone der Mutter Gottes und schwenkt die Weihrauchkugeln. Nun singt er den Psalm, seine Stimme erreicht die Ikone in seinen Armen, das Gebet schallt weit an den Kirchenmauern vorüber.

Als die Kirche im 13. Jahrhundert gebaut wurde, bot sie allen Bewohnern von Moutoullas Schutz. Der Pope kennt die Geschichten der Fresken und er ist von ihnen noch immer fasziniert. Wenn er davor steht, hört er förmlich das Naserümpfen des abgebildeten Mannes, der sich ein Tuch vor die Nase hält, weil der auferstandene Jesus noch nach Tod riecht. Doch er spürt auch den Triumph des heiligen Georg, der mit der Lanze auf den Drachen einsticht. Der Pope glaubt an die Kraft der Fresken und Ikonen, glaubt, eine Ikone verführe zum Glauben.

Die berühmtesten Ikonen ganz Zyperns bewundert Constantinou, wenn er im Kloster Kykkos zu tun hat. Es ist das reichste aller Klöster Zyperns. Das hellbraune Gebäude, 1996 renoviert, wirkt wie ein Märchenschloss in Kleinformat. Ein Museum gehört dazu, ein Selbstbedienungslokal und ein Platz mit Souvenirständen, sogar ein Hotel. Mönche und Popen mit langen Bärten wandeln durch die Säulengänge, poliertes Gold und Silber lassen die Ikonostase glänzen, und jeder orthodoxe Besucher darf die silberfarbene Schutzhülle der darunter nur zu erahnenden Mutter Gottes küssen. Lukas selbst soll die Ikone gemalt haben. Alle paar Stunden kommt ein Pope, sprüht Glasreiniger darauf und poliert sie.

Doch so sehr es auch glänzt in Kykkos – der bekannteste Ikonenmaler Zyperns, Vater Kallinikos aus dem Kloster Stavrovouni, mag Kykkos nicht. Das sei Disneyland, faucht der Mönch, der in einem Kloster aus dem 4. Jahrhundert lebt, dem einzigen auf Zypern, das Frauen den Zutritt verbietet. Vater Kallinikos malt andere, einfachere Ikonen als jene in den Hallen von Kykkos. Wie die der Mutter Gottes, die in der Panagia tou Asinou hängt, einer der ältesten der Satteldachkirchen, in einer steppenartigen Landschaft auf 600 Metern Höhe im Troodos-Gebirge.

Gestiftet hat diese Ikone der 68-jährige Panagiotis Loppa. Er ist oft in der Kirche von Asinou, deren Fresken unter Kunsthistorikern und Byzantinisten als besonders schön und eindringlich gelten. Denn hier werden biblische Geschichten wie in einem Comic erzählt. Besonders die Bilder des Jüngsten Gerichts ziehen Loppa immer wieder in den Bann: zwei Nackte, die von einer grauen

Mächtig sind die Tonnengewölbe im Agios Ioannis Lampadistis in Kalopanagiotis, das drei Gotteshäuser vereint

Schlange gewürgt oder gebissen werden. An jedem Sonntag steht er unter diesen Bildern, oft sind mit ihm 200 Menschen bei der Messe, davon stehen allerdings drei Viertel draußen, weil die Kirche zu klein ist.

Panagiotis Loppa stammt aus Asinou, einem Dorf, das es nicht mehr gibt. Der letzte Bewohner ging vor sechs Jahren, einige Häuser sind zusammengefallen. Wenn Panagiotis Loppa durch die Ruinen spaziert, sieht er dort, wo Steine liegen, Wände und Zimmer. Wenn sein Blick über die Hügel streift, hat er die Menschen vor Augen, die hier gelebt haben. Er erinnert sich, wie er das Wasser aus dem Brunnen holen musste und wie ihm der Vater das erste Paar Schuhe schusterte, da war er zwölf. In einem kaputten Haus stehen sogar noch Möbel herum, davor steht keine Wand mehr, nur Himmel, Kiefern und Eichen.

Mykenische Flüchtlinge hatten sich im 11. Jahrhundert vor Christus hier niedergelassen und den Ort nach ihrer Heimatstadt Asine genannt. Nun sind ihre Nachkommen selbst geflohen, sobald sie genug Geld hatten, gingen sie fort, in die Städte oder wenigstens größere Dörfer, auch Panagiotis Loppa machte das so. Trotzdem kommt er mehrmals in der Woche in die Kirche von Asinou, um zu beten. An anderen Tagen hört er im Radio die Predigten von Miltiades Constantinou. Der preist darin immer wieder das beschwerliche, aber geschützte, das schöne und alte Leben in den Bergen.

Auch die Bewohner von Moutoullas sprechen darüber, als sie nach der Prozession im Kafenion sitzen. Durch die großen Fenster geht der Blick über das gesamte terrassenartig angelegte Dorf. Vor 30 Jahren lebten in Moutoullas 900 Menschen und 400 Esel. Heute sind noch 250 Menschen da, davon 160 Rentner. Es gibt zwei Esel und an manchen Tagen viel zu viele Autos der fremden Kirchenbesucher.

Janis Zantis, der Bürgermeister, erzählt von seinen Kindern, die im Ausland studieren wie fast alle Kinder des Dorfes. Bald spielen die Alten die Orte wie Pingpong-Bälle hin und her: San Francisco, London, Athen, New York, Sydney, Paris. Die junge Generation von Moutoullas lebt auf der ganzen Welt verstreut. Das, betonen die Alten, wäre nichts für sie. *Ypaithros*, sagen sie immer wieder. *Ypaithros* bedeutet: weg von der Stadt sein. *Ypaithros* – das ist hier in den Bergen, wo sie alle paar Meter auf eine Kirche stoßen, wo es nach Orangenblüten und Kamille riecht, wo sie die Stimmen von 350 Vogelarten hören.

Wenn der Bürgermeister aus dem Fenster blickt, kann er die Grundschule sehen, an der er selbst bis vor drei Jahren unterrichtet hat. Sechs Klassen gibt es, jeden Morgen bringt der Bus Schulkinder aus elf Dörfern. 53 Schüler sind es noch, das beunruhigt Zantis. Doch anderswo, etwa in Vouni im Süden des Troodos, wären die Einwohner froh, wenn überhaupt noch Kinderlachen aus dem Schulgebäude dringen würde. Der letzte Schüler verließ dort vor 30 Jahren die Schule, der jüngste der hundert Einwohner ist 35 Jahre alt. Nicht einmal einen Barbier gibt es mehr, alle Männer fahren einmal im Monat nach Limassol an die Küste, um sich die Haare schneiden zu lassen.

Troodos, das Herz Zyperns, ist grün

Pedoulas, ein Ferienort im Marathasa-Tal. Neben der Hauptkirche gibt es auch hier eine Scheunendachkirche – und große Plantagen mit Süßkirschen

Foto: Ernst Wrba

Panagia Araka bei Lagoudera: für die Kuppel ein Extradach

Der Pope Miltiades Constantinou aus Moutoullas hat eine stille Ehefrau und vier studierende Kinder. Jahrzehnte der Feldarbeit hat er hinter sich, Exil, Jobs als Bauarbeiter in Saudi-Arabien, im Libanon und in Israel. Doch dann, 1988, fühlte er plötzlich: Er ist berufen. Und so wurde Miltiades Constantinou Priester. Vor ein paar Wochen kam der Bischof zu ihm und sagte, er dürfe ab sofort auch die Beichte abnehmen. Besonders kriminell ist Moutoullas ja nicht, zwei Fälle unerlaubter Liebe, beides Jahrzehnte her, an mehr kann sich der Pope nicht erinnern. Trotzdem möchten die Dorfbewohner bei ihm beichten und seine Meinung hören.

Auch am nächsten Sonntag werden sie kommen, obwohl die Messe dann nicht in der alten Scheunendachkirche, sondern im neuen großen Gotteshaus Agia Paraskevi mitten im Dorf gefeiert wird. Dort ist es nicht so finster wie in der alten Kirche von Moutoullas, aber dennoch hat der Gesang nicht die Stärke, die sich der Pope wünscht. Sonntag für Sonntag erzählen ihm die Männer, in der neuen Kirche sei das elektrische Licht wohl zuverlässig, sie hätten aber ihre Brillen zu Hause vergessen und seien nicht in der Lage, die Psalmen zu singen.

Constantinou kennt diese Ausreden, deshalb öffnet er Sonntag für Sonntag eine Schublade neben dem Kerzenverkaufsstand und bittet die Gemeinde, sich zu bedienen: zehn schwarze Hornbrillen, mit Gläsern zwischen ein und vier Dioptrien. □

Olra Havenetidis, *Münchner Journalistin, musste im Kykkos-Kloster erst die Ikone der Mutter Gottes küssen, ehe Fotograf Murat Türemis die Erlaubnis zu seiner Arbeit bekam.* **Murat Türemis** *rührte das Schlichte des Schönen an. Byzantinische Kunst ist ihm aus Istanbul wohlvertraut.*

MERIAN | TIPP Weltkulturerbe Troodos-Kirchen

((D 4) **Panagia tou Moutoullas, Moutoullas** In der Kirche mit dem ältesten Scheunendach der Insel (1280) ist u.a. die einzig datierte Freskenserie aus dem 13. Jh. zu sehen *(Schlüssel im Haus unterhalb der Kirche).*

(E 5) **Panagia Araka, Lagoudera** (außerhalb an der Straße nach Saranti). Großes ikonographisches Programm mit gut erhaltenen, sorgfältig gereinigten Fresken (1192). *Der Pope (wohnt neben der Kirche,) hat den Schlüssel und macht auch Führungen.*

(D 5) **Agios Michalis, Pedoulas** Die Kirche des Erzengels Michael (1474) hat mit der hölzernen Ikonostase die schönste auf Zypern. *Schlüssel im Haus rechts neben der Kirche.*

(E 4) **Agios Nikolaos tis Stegis, Kakopetria** (3 km südwestlich am Ufer des Karkotis) Zu den bemerkenswertesten Fresken des „Heiligen Nikolaus auf dem Dach" aus dem 11./12. Jh. gehört das mit den 40 Märtyrern von Sebaste. *Di-Sa 9-16, So 11-16 Uhr*

(D 4) **Agios Ioannis Lampadistis, Kalopanagiotis** Zwei Kirchen und eine Kapelle vereinigen sich unter einem Dach – zwei Kirchen aus byzantinischer Zeit (11. Jh) und die sog. lateinische Kapelle aus dem 15. Jh., in der sich Malereien mit großer Ähnlichkeit zur italienischen Renaissance befinden. Eine beeindruckende Ikonensammlung ist nebenan in der alten Dorfschule zu besichtigen.

(E 4) **Panagia Eleousa Podithou, Galata** (2 km nördlich von Kakopetria). Die in der Zeit der venezianischen Herrschaft errichtete Kirche (1502) beherbergt eine lebhafte Kreuzigungsszene und eine eindrucksvolle Apostelkommunion. Auch hier deutliche Verwandtschaft zur italienischen Renaissance. *Schlüssel im Kafenion.*

(E 5) **Timios Stavros (Heiligkreuzkirche), Pelendri** (westlich von Pelendri). Das Kirchlein mit den Fresken aus dem 11. Jh. wurde aus unbekannten Gründen im 14. Jh. zerstört und wieder aufgebaut.

(E 4) **Panagia tou Asinou (Phorviotissa), Nikitari** (südlich des Dorfes) Sehr gut erhaltene bzw. restaurierte Fresken. Die Bildserien vom 12.-14. Jh. sind sehr umfangreich, wurden z. T. auch übermalt.

(E/F 5) **Timios Stavros Agiasmati (Heiligkreuzkirche), Platanistasa** (4 km nördl. des Dorfes) Sehr schöne, gut erhaltene Freskenserie des Zwölf-Feste-Zyklus von 1494. *Schlüssel im Kafenion.*

(F 5) **Metamorphosis Sotiros, Palaichori** Die kleine Kirche aus dem frühen 16. Jh. ist der „Verklärung des Erlösers" geweiht. Lebensgroß und sehr fein gezeichnet die Soldatenheiligen Merkurios und Nestor.

>> weitere Tipps im Infoteil ab Seite 101

Jäger des verlorenen Schatzes

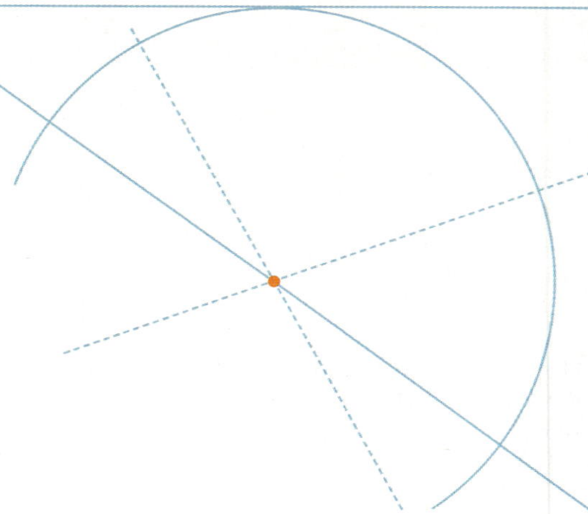

Liebe mit Tiefgang: Wie ein Wrack aus der Zeit Alexanders des Großen einem Taucher fast das Herz brach und wie sein Sohn seine Lebensaufgabe fortführte

Text: Verena Carl

Hier ist eine von diesen Geschichten, die einem seltsam vertraut vorkommen. Vielleicht hat man sie so ähnlich schon einmal bei Hemingway gelesen, vielleicht bei Homer. Sie handelt von einem Sohn, der das Vermächtnis seinen toten Vaters erfüllt, von Irrwegen, Fremdherrschaft und der Sehnsucht nach Heimat. Und obwohl nicht eine Frau, sondern ein antiker Segler die Hauptrolle darin spielt, ist sie eine Liebesgeschichte.

Der Sohn heißt Glafkos Kariolou, ist 54 Jahre alt und Schiffsbauingenieur. Das Boot heißt „Kyrenia-Eleftheria" und ist die Nachbildung eines Handelsschiffes, das 2292 Jahre auf dem Buckel hat. Kyrenia ist eine nordzyprische Hafenstadt, die heute offiziell den türkischen Namen Girne trägt; und „Eleftheria" bedeutet „Freiheit".

Im damaligen Kyrenia beginnt auch die Geschichte, an einem stürmischen Tag im Jahr 1965. Hier lebt der junge Glafkos mit seiner Mutter und seinem Vater Andreas, einem vielseitigen Mann, der eine Tauchschule, eine Tankstelle und eine Zitronenplantage besitzt. An diesem Abend ist der schweigsame Sporttaucher außergewöhnlich gesprächig, ja, nahezu aufgewühlt: Er hat auf dem Meeresgrund, in fast 40 Metern Tiefe, etwas entdeckt. Etwas, das aussieht wie ein verwitterter Bootsrumpf voll steinerner Amphoren, bedeckt von einer Schicht Algen und Tang. Und hat es gleich wieder aus den Augen verloren. „Er war eher unglücklich als euphorisch", erinnert sich Glafkos.

Das Meer ist launisch und gibt seine Geheimnisse nur ungern preis. Wegen des hohen Seegangs war Andreas' Boot so weit abgetrieben, dass er den genauen Fundort nicht mehr bestimmen kann. Anderthalb Jahre lang jagt er den verlorenen Schatz, die Nachbarn tun seine Erzählungen bereits als Seemannsgarn ab, dann taucht er schließlich mit einer Amphore und primitiven Unterwasser-Beweisfotos wieder auf. Die zeigt er dem Staatschef, Erzbischof Makarios, und jetzt geht alles ganz schnell. Ein Team von Unterwasser-Archäologen unter amerikanischer Leitung ermittelt mit der C-14-Methode das genaue Alter des Schiffes und bestätigt: Das hier ist das besterhaltene Wrack seines Alters im gesamten Mittelmeer. „Es war unglaublich aufregend", erinnert sich Glafkos, „ein Schiff, das zur Zeit Alexanders des Großen gesegelt war – und das Holz war noch da, man konnte es anfassen!"

Die Bergung des 15 Meter langen Wracks begann 1968 und dauerte länger als fünf Jahre – sie war eine einzige technische Herausforderung. Mit einer Art Unterwasser-Staubsauger wurde der Rumpf von Algen befreit, danach musste jedes Einzelteil fotografiert und katalogisiert werden, bevor man es an die Oberfläche beförderte. Das Holz war nach über zwei Jahrtausenden im Salzwasser voll gesogen wie ein Schwamm und musste getrocknet und mit einer speziellen Lasur konserviert werden.

Zum Schluss waren etwa zwei Drittel des Rumpfes geborgen, dazu Überbleibsel der Ladung: die Amphoren, Mühlsteine, Bleiringe, an denen das Segel befestigt gewesen sein musste, und Ausrüstung wie Teller, Topfdeckel und Speerspitzen. Letztere gaben Anlass zu Spekulationen, das Schiff sei Opfer eines Piratenüberfalls geworden. Glafkos hat eine simplere Theorie: „Ich glaube, es sank einfach, weil es alt und überladen war. Vielleicht wollte der Besitzer auch die Versicherungssumme kassieren – damals wurden auf Rhodos die ersten Policen für Reedereien ausgestellt."

Bevor die Archäologen das Boot zusammensetzten wie ein 3-D-Puzzle, mussten sie einiges über die antike Konstruktionsweise lernen. Zum Beispiel fertigten Schiffsbauer zur Zeit Alexanders des Großen erst den Rumpf an, bevor sie die Quer- und Längsbalken im Inneren einfügten. Glafkos verfolgte die Arbeiten genauso gebannt wie sein Vater. Denn die Kariolous haben Salzwasser statt Blut in ihren Adern: Schon der Großvater war Kapitän gewesen, und Glafkos selbst ging Anfang der siebziger Jahre nach Southampton, um dort Schiffsbau zu studieren.

Als der Sommer 1974 begann, ahnte noch keiner, dass der Wind sich bald drehen würde. Glafkos stand kurz vor

Mit dem Nachbau (links oben) des 2292 Jahre alten Wracks, das Andreas Kariolou (rechts oben) fand, kann man tadellos segeln. Die Fragmente des Rumpfes (links) und die Amphoren, die die Meeresarchäologen bargen (rechts), kamen in die Burg von Kyrenia

Die Crew der „Kyrenia Elephteria" nimmt mit der Amphore eine symbolische Ladung zypriotischer Landesprodukte an Bord

dem Examen und freute sich auf einen geruhsamen Sommerurlaub zu Hause. Doch der endete mit dem Staatsstreich zyperngriechischer Militärs. Die Antwort ließ nicht lange auf sich warten. Wenige Tage später landeten türkische Kampfflugzeuge und Kriegsschiffe in Kyrenia. „Es war ein Schock für meinen Vater", erinnert sich Glafkos. Denn der alte Kariolou war ein griechischstämmiger Kommunist und Pazifist mit türkischen Freunden und einer Tauchschule, die Chartertouren nach Antalya anbot.

Der Sohn schloss sich dem Widerstand an, zuerst gegen die zyperngriechischen Putschisten, dann gegen die türkischen Besatzer. Eine Odyssee des Schreckens begann: Vor der griechischen Militärpolizei versteckte er sich im Pentadaktylos-Gebirge, erwischt aber wurde er von türkischen Schergen. Glafkos landete zuerst im Gefängnis in Nikosia, dann in einem Militärknast im türkischen Adana und danach in Amasia nahe der Schwarzmeerküste. Es waren 60 Tage in der Hölle: Schläge, Verhöre, Todesangst. Mit Unterstützung des Roten Kreuzes kam er schließlich frei und erfuhr, dass seine Familie im „Dome Hotel" von Kyrenia festsaß – das türkische Militär hatte alle griechischstämmigen Zyprioten aus ihren Häusern vertrieben.

Als sich die Familie schließlich in Larnaca im Süden der nunmehr geteilten Insel niederließ, war Andreas Kariolou ein gebrochener Mann. Das Wrack war als Ausstellungsstück in der Festung von Kyrenia zurückgeblieben, ebenso sein Geschäft und sein Haus. 1977 starb er 52-jährig bei dem Versuch, einem Hobbytaucher das Leben zu retten. Sein Sohn fand zwar immer wieder illegale Wege in seine Heimatstadt – so diente ihm der Kofferraum eines Diplomatenautos als Trojanisches Pferd –, aber das Leben wurde nie wieder dasselbe.

Dies klingt wie das Ende einer antiken Tragödie. Aber die Götter hatten Mitleid mit dem heimat- und vaterlosen Glafkos. 1982 plante Hari Tsalas, der Präsident des griechischen Instituts für die Bewahrung der Schifffahrts-Tradition, die antike „Kyrenia" nachbauen zu lassen – aber diesmal mit vollständigem Rumpf und Segel, so dass man das Schiff tatsächlich benutzen konnte. Und mit einem aufgemalten Auge auf jeder Seite des Rumpfes, wie es zur Zeit Alexanders des Großen üblich war. Glafkos erfuhr davon und bewarb sich – erfolgreich – als Crewmitglied. 1985 lief die „Kyrenia II" vom Stapel, 1986 unternahm sie ihre erste, symbolträchtige Weltreise zum 100. Geburtstag der amerikanischen Freiheitsstatue.

Ein Jahr später wurde Glafkos zum Kapitän ernannt. „Ich bin überall mit ihr gesegelt, nach New York, Hamburg und Japan", erzählt er, und seine Augen glänzen wie die eines Mannes, der von seiner großen Liebe schwärmt. Törns im Dienste der Wissenschaft: Nach dem Try-and-error-Prinzip fand die Crew heraus, wie sie das Segel mit seinen zehn Schoten bedienen musste, das Abbildungen auf antiken Vasen und Beschreibungen von Autoren wie Homer nachempfunden ist. Und dass man mit einem vorsintflutlichen Segler nicht kreuzen kann, weil er bei stärkerem Wind sonst kentert. „Wir müssen noch viel mehr Erfahrung sammeln, um die alte Technik wirklich zu verstehen", sagt Glafkos.

Die „Kyrenia II" hat mittlerweile ausgedient, 2002 stach ihre Nachfolgerin „Kyrenia Eleftheria" in See. Wenn sein Job als Manager des Yachthafens von Larnaca es zulässt, verbringt Glafkos jede freie Minute an Bord. Neben der wissenschaftlichen hat das Boot auch eine kulturelle Mission: An Bord der „Kyrenia Eleftheria" wurden im Frühjahr 2004 Opfergaben von den griechischen Inseln zu den Olympischen Spielen nach Athen gebracht, und sie ist ein schönes Anschauungsobjekt für die Jugend – die Inselkinder und -teenager sollen sich frühzeitig für die Seefahrt begeistern.

Und es gibt ein sehr persönliches, fast intimes Motiv für Glafkos' Passion. „Der einzige Ort, an dem ich mich zu Hause fühle, ist an Bord dieses Schiffes", sagt er. Denn das alte Kyrenia ist zwar seit der partiellen Grenzöffnung 2003 ein legales Tagesausflugsziel, aber in sein Elternhaus kann Glafkos nicht zurück. Mit Frau und Töchtern wohnt er in einem Vorort von Nikosia, so weit weg von der Küste, wie man auf einer Insel nur leben kann. In seinen Räumen aber erinnert alles ans Meer.

Glafkos wäre kein würdiger Odysseus-Nachfolger, glaubte er nicht dennoch an eine glückliche Rückkehr. „Das Zypernproblem wird eines Tages gelöst sein", sagt er, „und an Bord des Schiffes fangen wir im Kleinen damit an." Die Mannschaft der „Kyrenia Eleftheria" besteht zur Hälfte aus griechischstämmigen, zur Hälfte aus türkischstämmigen Zyprioten. □

Verena Carl *hatte es nicht leicht, trockenen Fußes zu Glafkos Kariolou zu gelangen, da er meistens auf See ist.*

Die Palästra, der von Säulen gesäumte Hof des Gymnasiums im antiken Salamis ist nur ein winziger Teil der Ausgrabungsstätte

Mediterrane Beziehungen: Sphinx als Schmuckteil eines Elfenbeinthrons

Salamis

Eine Schaufel für ein Königreich

Die Freilegung der antiken Stadt war eine Sternstunde der Archäologen. Doch der griechisch-türkische Konflikt stoppt weitere größere Grabungen

Text: Frank Hartmann

Ach, könnten die Steine reden! Sie würden von einem Königreich aus alter Zeit erzählen, von Helden und Vertriebenen, von verheerenden Erdbeben, von den 1800 Jahren einer immer wieder auf- und umgebauten Stadt, die im 7. Jahrhundert dann doch aufgegeben wurde; sie würden erzählen von schäumender Gischt, feinem Flugsand und Bäumen und Pflanzen, die sich das ihnen von Menschenhand entrissene Terrain langsam zurückerobern. Aber die Steine schweigen, sonst würden sie auch von Vassos Karageorghis erzählen,

Als vor Salamis, der Insel vor Athen, 480 v. Chr. persische Segel zur Seeschlacht auftauchten, war die Tochterstadt auf Zypern alt und reich, die Erinnerung an den salamischen Stadtgründer verblasst

Das Amphitheater war eines der größten in der römischen Provinz. Es bot mehr als 15 000 Menschen Platz

Die Mauern der Palästra sind von römischen Statuen gesäumt, doch kaum eine hat noch den Kopf auf den Schultern. Geköpft wurden sie in frühchristlicher Zeit

der sie zum Reden bringen könnte und das nicht darf in einem geteilten Land.

Sandstrand, so weit man sehen kann. Von einem Holzsteg stürzen sich junge Leute ins blaugrün schimmernde Wasser. Würden sie zwei Kilometer weiter südlich baden, könnten sie unter sich die Kaimauern eines römischen Hafens erkennen. Hier, irgendwo hier, ging Teukros mit seinen Leuten an Land, beladen mit der Schuld am Tod seines Halbbruders Ajax und dem Befehl des delphischen Orakels: Kehre nicht nach Hause zurück, sondern segle in die Fremde nach Zypern. Der Krieg war vorüber, Ajax, der Held vor Troja, hatte sich das Leben genommen und Teukros hätte es verhindern können. Er hat es nicht getan. Seine Heimat, die Insel Salamis in der Athener Bucht, über die sein Vater als König herrschte, sah er nie wieder.

Stattdessen errichtete er die Stadt, die fast 1000 Jahre lang die bedeutendste Zyperns werden sollte, und nannte sie Salamis. So jedenfalls erzählt es der Tragödiendichter Euripides und wie so oft in alten griechischen Legenden, könnte er die Wahrheit gesagt haben. Um 1200 v. Chr. fiel Troja, aus dem 11. Jahrhundert stammen die ersten Siedlungsspuren in Salamis. War Teukros tatsächlich der erste König der Stadt? Um das herauszufinden, müsste in Salamis systematisch geforscht werden, wie in den Jahren vor 1974.

Was bis dahin ans Licht gekommen war, ist heute schon fast wieder überwuchert. Das kaum beschilderte Ruinengelände erstreckt sich über mehrere Quadratkilometer zwischen der Bucht von Famagusta und der Küstenstraße östlich von Egkomi. Einiges von dem, was Archäologen in mehr als 20-jähriger Arbeit freigelegt haben, lässt den großen

Wohlstand der einstigen Handelsmetropole Salamis erahnen. Das monumentale Theater etwa, eines der größten im östlichen Mittelmeerraum, bestand einmal aus 50 Sitzreihen, ragte 20 Meter in die Höhe und bot mindestens 15 000 Menschen Platz. Es widerstand sogar Erdbeben. Experten haben knapp die Hälfte der Ränge restauriert.

Mit dem römischen Sport- und Erholungszentrum kam ein weiteres imposantes Bauwerk ans Licht. Im Gymnasium, eine Art öffentliche Schule, trainierten die Römer Körper und Geist. Es bestand aus einem Wandelgang *(xystos)* und einem großen, von Marmorsäulen begrenzten Übungsplatz (palästra). Die Wände der Thermen, acht Meter hoch, schmückten Malereien und zum Teil noch erhaltene Mosaiken. Aber: All dies sind Zeugen aus der Zeit, als Salamis kein selbstständiges Königreich mehr war, sondern eine, wenn auch bedeutende Hafenstadt unter römischer Verwaltung wie etliche andere auch.

Weltberühmt ist Salamis hingegen für seine Königsgräber, die aus der Mitte des 8. Jahrhunderts v. Chr. stammen, aus jenen Jahren, als der blinde Sänger Homer die Geschichte von Troja erzählte und vor allem wegen der Grä-

Interview

Prof. Dr. Vassos Karageorghis (75) ist die Kapazität auf dem Gebiet der Salamis-Forschung. Er war 1963-89 Direktor der zyprischen Altertümerverwaltung, leitete mehr als zwei Jahrzehnte lang die Ausgrabungen in Salamis und schrieb über 90 Bücher zu archäologischen Themen.

„Nur an der Oberfläche gekratzt"

MERIAN: Wie viel Prozent des antiken Salamis haben Sie zwischen 1952 und 1974 freigelegt?

Karageorghis: Bedenkt man die große Ausdehnung der antiken Stadt, haben wir nur ungefähr ein Zehntel der Überreste der späteren Perioden freigelegt. Da die Stadt Salamis sich seit dem 11. Jahrhundert vor Christus entwickelt hat, könnte man sagen, dass wir mit unseren Ausgrabungen römischer und byzantinischer Gebäude nur an der Oberfläche gekratzt haben.

MERIAN: Welche Rückschlüsse erlauben die Ruinen auf die damalige Lebensweise?

Karageorghis: Die Salaminianer müssen denselben Lebensstil gepflegt haben wie die Einwohner aller anderen wohlhabenden Städte der griechischen Welt. Hinzu kam die überschwängliche Lebensfreude der Städte des Nahen Ostens. Aber das ist nichts als Spekulation.

MERIAN: In Salamis sollen bis zu 100 000 Menschen gelebt haben. Stimmt diese Zahl?

Karageorghis: Auch das wäre reine Spekulation.

MERIAN: Warum haben die Bewohner ihre Stadt verlassen?

Karageorghis: Schon in der griechischen bis römischen Periode verlor Salamis seine Stellung als Hauptstadt. Die Ptolemäer verlegten ihr Verwaltungszentrum nach Paphos, um leichter Kupfer und Getreide in das ägyptische Alexandria, ihre eigene Hauptstadt, transportieren zu können. Salamis blieb eine bedeutende Hafenstadt mit reichem Hinterland. Unter den Römern wurden öffentliche Gebäude erbaut oder restauriert und mit Marmorstatuen verziert, zum Beispiel von Trajan und Hadrian. Während der frühchristlichen Periode blieb das in Constantia umbenannte Salamis bedeutend, als Geburtsort von Barnabas, dem Gründer der Kirche von Zypern. Die arabischen Invasionen des 7. Jahrhunderts beendeten das Leben in dieser neuen Stadt. Die Bevölkerung zog in den Süden, wo Famagusta sich im Mittelalter zur wichtigsten Stadt Zyperns entwickelte.

MERIAN: Welche weiteren Gebäude vermuten Sie unter den freigelegten Ruinen oder auch unter dem Meeresboden?

Karageorghis: Unter Wasser befindet sich kein wesentlicher Teil der Stadt. Unter den Resten des römischen Gymnasiums liegt eine Mauer, die sicher zu einem öffentlichen Gebäude gehörte, vielleicht einem klassischen. Wir wissen, dass Salamis besonders während der archaischen und klassischen Zeit eine blühende Stadt war. Die Monumentalität und der Reichtum der Gräber, ausgegraben in der Nekropolis im Westen von Salamis, helfen, sich die Pracht der Gebäude aus diesen Perioden vorzustellen. Nicht eines – weder Paläste, Tempel, öffentliche Gebäude noch Wohnhäuser – ist gefunden worden. Sie liegen zweifellos unter den Resten der römisch-byzantinischen Gebäude.

MERIAN: Seit 1999 leitet Professor Coskun Özguner von der Universität Ankara die Ausgrabungen. Tauschen Sie Erfahrungen und Meinungen aus?

Karageorghis: Der leitende Archäologe ignoriert die moralischen und wissenschaftlichen Aspekte dieser fortgesetzten Ausgrabungen in einem besetzten Gebiet und benimmt sich wie ein Boss. Er hat unsere Station betreten, sich das ausgegrabene Material, unsere Tagebücher und Dokumente angeeignet und hielt es bislang nicht für nötig, mit uns zu kommunizieren.

Das antike Salamis hatte um das 8. vorchristliche Jahrhundert seine Blütezeit. Mit fünf Quadratkilometern ist das Areal zwar recht groß, doch ob hier 100 000 Menschen lebten, fraglich

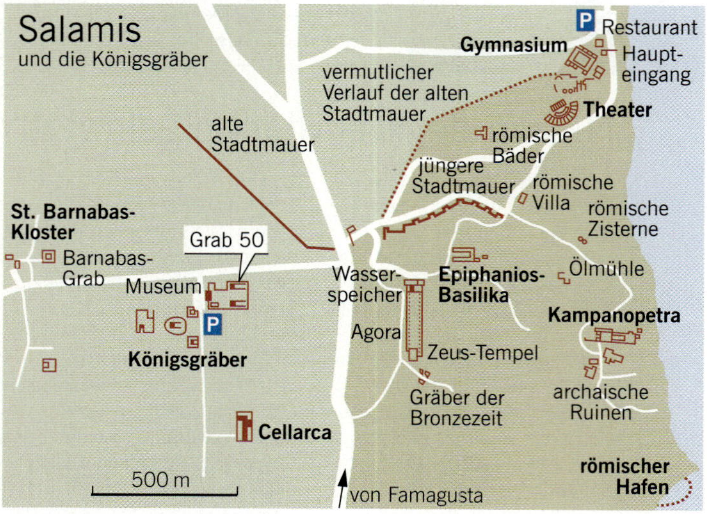

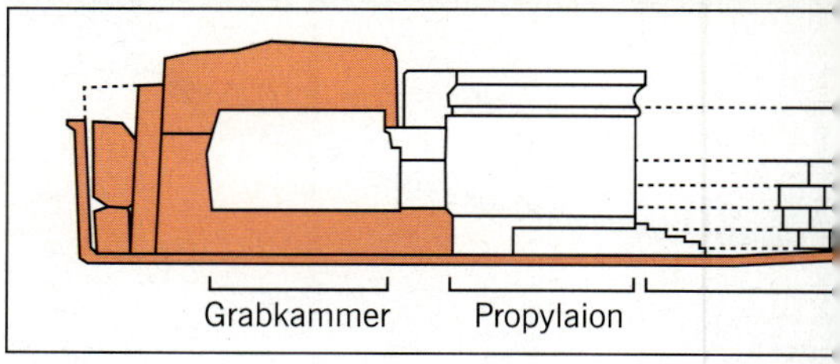

ber aus dem 11. Jahrhundert. Kein Reiseführer, der der archäologischen Stätte nicht mehrere Seiten widmet. Auch das türkisch-zyprische Amt für Altertümer und Museen gibt ein zehnseitiges Faltblatt über Salamis heraus, verschweigt aber, wer hier bis 1974 aktiv war. In den unzähligen Broschüren der staatlichen Tourismusorganisation CTO findet sich kein einziger Hinweis, nicht mal auf die Nekropolis im Westen von Salamis mit ihren 150 Grabstätten und den berühmten Königsgräbern.

Denn das Verschweigen der griechischen Verdienste hat System und verhindert seit Jahrzehnten den wissenschaftlichen Disput, hier wurde seriöse Altertumsforschung zum Opfer der Politik.
Nicht nur Professor Vassos Karageorghis, der bekannteste Archäologe Zyperns, weigert sich kategorisch, auch nur einen Fuß auf seine frühere

MERIAN | Kunst-Geschichte

Schatzgräber

Wie sich ein amerikanischer Konsul mit Altertümern bediente

Luigi Palma di Cesnola war eine der schillerndsten Persönlichkeiten, die auf Zypern ihr Unwesen trieb – Abenteurer, Konsul und als Hobbyarchäologe ein raffgieriger Schatzgräber, der es in der wissenschaftlichen Zunft noch weit bringen sollte. Geboren 1832 in der Nähe von Turin als zweiter Sohn einer aussterbenden Adelsdynastie, schlug er die Militärlaufbahn ein und kämpfte 1853/56 für seine Heimat Piemont-Sardinien im Krimkrieg auf der Seite der Engländer.
Um 1860 wanderte er nach Amerika aus und heiratete die Tochter eines berühmten Geschwaderführers der U.S. Navy. Während des Bürgerkriegs war di Cesnola Oberst. 1865 wurde er von Präsident Abraham Lincoln zum Konsul von Zypern ernannt, trat dort aber als „General“ auf. Lincoln, erklärte er, habe ihm diese Auszeichnung noch kurz vor seiner Ermordung versprochen.
Zunächst eher zum Zeitvertreib und vielleicht auch mit der Absicht, sein Gehalt ein wenig aufzubessern, widmete sich der Italoamerikaner dem Sammeln von Antiquitäten. Er ordnete in seiner Zeit als Konsul an wohl mehr als 50 Orten Ausgrabungen an und ließ mehr als 35 000 Objekte freilegen, von denen er ungefähr 22 000 an das kurz zuvor eröffnete Metropolitan Museum of Art in New York verkaufte.
Zu seinem abgebrühten kaufmännischen Treiben – Cesnola steigerte den Wert von Fundstücken durch falsche Herkunftsangaben – kam ein unverantwortliches Verhalten als Archäologe. Der Konsul war bei fast keiner der Ausgrabungen persönlich anwesend. Es existieren weder Fotos noch Aufzeichnungen, die die Fundorte belegen könnten. Alle Versuche, Cesnola vor Gericht dafür verantwortlich zu machen, schlugen fehl, obwohl sogar Dokumente seine Schuld bezeugten.
Den Höhepunkt seiner Karriere erlebte der Hobbyarchäologe 1879, im Jahr seiner Rückkehr nach Amerika: Er wurde zum Direktor des Metropolitan Museum of Art ernannt und blieb es bis zu seinem Tod (1904). Die Cesnola-Sammlung (sie umfasst ausschließlich die Funde aus Zypern) nahm im neuen Domizil des Museums (Fifth Avenue) fast das gesamte obere Stockwerk ein.
Heute kann man dort nur noch einen kleinen Teil bewundern, da große Teile der Ausstellung seit dem Tod des „Generals“ ohne jede Erklärung entfernt wurden.

Das Königsgrab Nr. 50 (750/700 v. Chr.) wurde mit einem Tonnengewölbe überbaut. Die Skizze zeigt den 28 m langen Dromos (Grabzugang), wo man Waffen und Amphoren fand, das Propylaion (Vorhof) und die neun Quadratmeter große Grabkammer

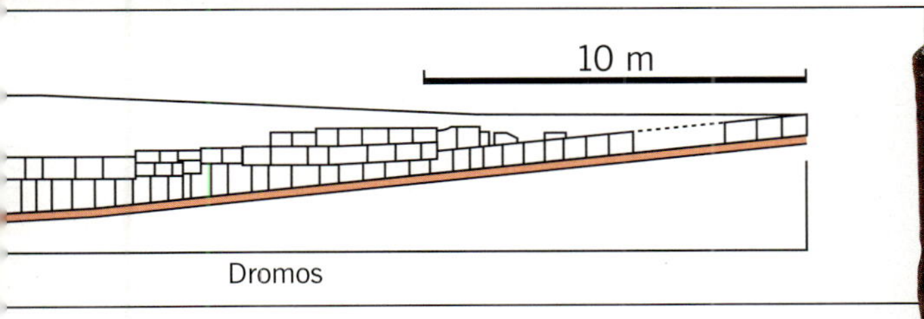

Als die Griechen nach Zypern kamen, blühten hier schon bronzezeitliche Kulturen, wie die trinkende Figur aus dem benachbarten Egkomi (12. Jh. v. Chr.) zeigt

Wirkungsstätte zu setzen, „solange das politische Problem ungelöst bleibt".

Dabei ist der spannendste Teil der salamitischen Geschichte auch der am wenigsten erforschte: In den wenigen Grabkammern, die nicht schon in der Antike geplündert worden waren, fand man vor allem erdbestattete Leichname, in einem Grab allerdings auch einen verbrannten Körper. Außerdem Beigaben: Throne, Möbel, Bronzekessel, Streitwagen und Pferde. Es war eine Sternstunde, als die Archäologen zwischen diesen Funden und dem von Homer beschriebenen Trojanischen Krieg eine Verbindung herstellen konnten. Auch die ersten Königsgräber stammen aus der von Homer beschriebenen Zeit. In der „Ilias" hatte er das Begräbnis des Achill-Freundes Patroklos und dessen feierliche Verbrennung sowie Grabbeigaben beschrieben. Nun lag der historische Kern seiner Lieder zutage.

Zwischen 1964 und 1974 legten Archäologen des Instituts F. Courby der Universität von Lyon im südlichen Teil von Salamis unter anderem ein archaisches Heiligtum frei. Aufschlussreicher aber waren ein Grab aus dem 11. Jahrhundert v. Chr. sowie Teile der ältesten Stadtmauer: Hinweise auf den wahren Kern der mythologischen Gründungsgeschichte.

Vassos Karageorghis, der damalige Chefausgräber, ließe Salamis am liebsten zu einem „europäischen Archäologiepark" herrichten, um den Kulturtourismus nach Zypern zu fördern. Da das gesamte Gebiet der Regierung gehöre, würde sich zudem die exzellente Möglichkeit bieten, die Ausgrabungen fortzusetzen. Sein Wort in der Götter Ohr und ein Königreich für eine Schaufel, mag man angesichts der wenigen Wochen im Juni und Juli denken, wenn türkische Archäologen, Studenten und Arbeiter hierher kommen. Einen Fußabdruck aus dem zweiten Jahrhundert haben sie bislang gefunden und einen Weg zwischen Stadtmauer und Eingang zum römischen Bad. In diesem Jahr hoffen die Forscher auf eine vermutete Wegkreuzung zu stoßen, die zum Amphitheater führt, das zwischen Sandhügeln und wuchernden Büschen kaum noch zu erkennen ist.

Überhaupt müsste mal eine Gärtnerkolonne anrücken. Wenn die Steine von Salamis schon schweigen, dann wollen wir sie wenigstens betrachten können, um uns auszumalen, wie die Menschen hier gelebt haben. In dieser Stadt, die fast 1000 Jahre lang die wichtigste Zyperns war. □

Frank Hartmann *war zugleich mit einer griechisch- und einer türkischstämmigen Führerin in Salamis. Sie konkurrierten heftig, ergänzten sich jedoch gut.*

Die Zukunft wird auf Sand gebaut, denn die goldenen Strände sind das Kapital der Halbinsel **Karpasia.** Investoren mit Plänen warten schon, die längste Zeit der Einsamkeit ist vorbei

Text: Barbara Baumgartner, Fotos: Murat Türemis

Ein Garten Eden auf Abruf

Feiner Sand, Dünen mit Macchiagestrüpp und Wildblumen: Golden Beach

Irfan Dindar, Chef des „Blue Sea Hotel", trägt einen Korb mit Frutti di Mare in die Restaurantküche

Karpasia war Sperrgebiet.
Die Besatzer hielten die Zeit an

Netze flicken oder an der Zukunft stricken – das sind verschiedene Dinge, jedenfalls bis jetzt. Die Aussichten in Dipkarpaz sind mager

Hängen geblieben der Landschaft wegen: Ehepaar Chrisostomou

Balalan ist ein kleines Nest auf dem wenige Kilometer breiten „Horn“ Karpasia, wo es gute Böden, aber kaum Fremdenbetten gibt

In Balalan lässt uns der Muezzin einen Blick auf das Paradies werfen. Über eine steile Straße lotst er uns den Berg hinauf, bis auf den Kamm. Vor uns fallen die Hänge sanft zum Meer hin ab, darauf ein Muster aus Feldern, Wiesen, Hecken, ein paar Palmen an der felsigen Küste und ein altes Gemäuer, sonst nichts – nur weites, herbes Land und dahinter die Fläche des Wassers, die wie Stanniolpapier schimmert, ihr silbriges Grau eine Spur dunkler als der Himmel.

„Schau" – in der Stimme des Muezzin schwingt leiser Triumph: „Cenet."

Cenet? – Er sucht nach dem englischen Wort, findet es nicht: „Cenet. Allah sagt: Alle guten Menschen kommen in Cenet." Dünner Regen geht über dem Paradies nieder, und wir steigen wieder ins Auto.

Dass der Muezzin zum Theatralischen neigt, zeigte sich schon im Dorfcafé. Nach einer Beerdigung saßen die Männer hier unter Bildern barbusiger Schönheiten zusammen, und während sie schwarzen Kaffee oder Tee aus aromatischem Bergsalbei tranken, debattierten sie, was man dringender brauche: eine Krankenstation oder einen Iman. Naturgemäß trat der Muezzin für den Iman ein. Sein schärfster Gegenspieler, ein Mann mit buschigem, grauen Schnauzbart, der ungeduldig sein schweres Armband auf den Tisch klacken ließ, war nur zum Urlaub hier. Wie viele frühere Dorfbewohner lebte er in London, wo er sein Geld mit „Catering" machte. In den Heimatdörfern verwandelt sich dieses Geld aus der Fremde dann in Beton und

Burgen mussten Schutz bieten gegen Araber wie Kreuzfahrer

Kantara ist eine der drei Festungen im Pentadaktylos-Gebirge (Besparmak). Sie hatte viele Herren. Die Venezianer schleiften ihre Mauern

Der Vorbau des Kafenion gewährt Schatten und das Licht fällt auf den an Sensationen eher armen Ort Dipkarpaz/Rizokarpaso

Agios Synesios in Dipkarpaz. Die „Weiße Kirche" ist Mittelpunkt der kleinen, schrumpfenden Gemeinde der Griechen

Aluminium und macht sie hässlich. Während des Wortgefechts sprang der Muezzin plötzlich auf und hielt mit ausholenden Gesten eine flammende Rede gegen die Dekadenz der modernen Zeit. Dann ging er von der Bühne ab, winkte uns, ihm zu folgen, und wir fuhren den Berg hinauf.

Das Paradies. Es heißt Karpasia oder Karpaz: jener lang gezogene Zipfel Zyperns, der im Nordosten Richtung Syrien zeigt. Welliges, leeres Land, eingefasst von phantastischen Stränden. Eine einzige schmale Straße führt durch die Hügel an die Spitze; Blumenbordüren und Eukalyptusbäume säumen sie, daneben läuft eine Reihe Telefonmasten auf den Horizont zu. Manchmal kreuzt ein aufgeschrecktes Rebhuhn die Fahrbahn, und in den windgebeugten Bäumen sieht man Eulen sitzen. Auf den Wiesen grasen Schafe. Immer wieder stehen ein paar wilde Esel bis zum Bauch im hellgrünen Korn – gut 2000 sollen auf der Landzunge leben; Menschen etwa 5000, in wenigen Dörfern. Für Besucher gibt es keine 150 Betten.

Der Garten Eden ist praktisch unberührt. Weil er geächtet ist wie der ganze Norden Zyperns: nicht aufgenommen in die Gemeinschaft der Staaten. Nach drei Jahrzehnten wird sich jetzt vielleicht einiges ändern, denn seit der Norden im April 2004 in einem Referendum für die Wiedervereinigung der Insel stimmte, ist Nordzypern in den Augen der Welt zum ersten Mal nicht der Bösewicht des Konflikts. Es ist die Rede davon, das Embargo zu lockern. Bald könnte es Direktflüge hierher geben.

Dann ist es wohl vorbei mit der paradiesischen Stille. Aber von der haben sie hier schließlich lange genug schlecht gelebt, mit einem Durchschnittseinkommen, das dreimal niedriger ist als im Süden. Touristisch gesehen ist dieses Land ein Schatz, und natürlich werden sie ihn ausbeuten wollen, wenn sich endlich die Möglichkeit bietet. Offen sind nur die Dimensionen.

Noch aber erheben sich hinter dem kilometerlangen rosigen Band des Golden Sand Beach nur mit Büschen getupfte Dünen. Und noch weint vor bitterer Enttäuschung, wer hier auf der Suche nach einer besseren Zukunft landet. „Die Schlepper schicken sie an Land und sagen, es sei Italien", erzählt Hasan Korkmaz. „Letztes Jahr habe ich 17 aufgelesen, aus dem Iran, dem Irak. Eine Frau war völlig verzweifelt: Sie hatte ihr Haus verkauft, um für sich und die Tochter die Überfahrt zu bezahlen."

Eigentlich hat Hasan Korkmaz sich der Rettung von Schildkröten verschrieben. Die seltene Karettschildkröte legt an diesem Strand ihre Eier ab. Doch wie vielen Gefahren ist die Brut ausgesetzt! Steigen die Wellen hoch, spülen sie Nester fort. Sind die Kleinen gut geschlüpft, trocknet sie auf dem Weg ins Meer manchmal die Sonne aus. Also bringen Hasan und seine Helfer die Eier höher in den Dünen in Sicherheit und helfen später dem Nachwuchs ins Wasser. „Und nach 25 Jahren kommen sie hierher an dieselbe Stelle zurück, um selbst ihre Eier abzulegen!"

Ein breites Lächeln überstrahlt Hasans braunes Gesicht. Zwölf Jahre lebt er nun schon am goldenen Strand, und das Staunen über die Wunder der Schöpfung ist noch immer frisch. Er hat hier – nach abgebrochenem Biologiestudium und einem Gastspiel bei der Polizei – sein eigenes Himmelreich gefunden und ist stolzer Besitzer einiger Bungalows unter Pinien und des „Turtle Beach Restaurant", vor dem wir frühstücken, Olivengläser mit Schildkrötenembryonen

Fünfhundert Griechen blieben, doch ihre Kinder gehen in den Süden

zwischen den Tassen. „Von 1000 Geschlüpften überlebt nur eine!"

Die Euphorie, mit der Hasan von den Schildkröten erzählt, von den Zugvögeln, die im Winter auf Karpasia Rast machen, oder von der Unendlichkeit des Sternenhimmels, macht Betrübnis Platz, sobald es um die menschlichen Belange auf der Halbinsel geht. Ein kompliziertes Land, voller Misstrauen: zu viele Mentalitäten, sagt er, der Sohn einer Zyperntürkin und eines Libanesen.

Karpasia war einmal, vor Zyperns Teilung, zum großen Teil von Griechen bewohnt. Als sie in den Süden gingen, ließen sie ihre Esel frei – und wie die verrammelten, von Tauben und Flechten in Beschlag genommenen Kirchen oder die Mauerreste zerstörter Häuser erinnern die umherschweifenden Herden nun an alte Wunden. Und machen jenen das Leben schwer, die die Felder und Häuser der Griechen übernahmen. Tausende Festlandtürken wurden auf dem Karpaz angesiedelt. Inzwischen haben ihre hier geborenen Kinder selbst schon wieder Kinder, für die die schneereichen Winter in Ostanatolien nicht mehr sind als eine schaurig-schöne Erzählung der Großeltern. Ihre Heimat ist hier.

Hanife war eine junge Frau, als sie aus Kurdistan kam. Auf einer Weide neben der Straße schöpft sie aus einem Brunnenschacht Wasser für ihre Schafe. „Doch wir sind keine Kurden, sondern Turkmenen. Mein Großvater zog aus dem Iran in die Türkei. Wir sind immer gewandert." Ein schüchternes Lächeln erscheint auf ihrem vom Kopftuch gerahmten Gesicht. „Jetzt müssen wir eben hier zurechtkommen." Sie strahlt sanfte Gottergebenheit aus: Ihr ist dieses Land zugefallen durch höheren Willen. Es ist gutes Land, sagt sie, nur die Esel machen viel kaputt. Und neulich kamen Griechen aus dem Süden, um ihr altes Haus anzuschauen. Hanife hat ihnen Kaffee gemacht; gesagt haben sie nicht viel.

Nicht alle Griechen gingen. In Dipkarpaz, griechisch Rizkarpaso, hat eine kleine, mit jedem Jahr weiter schrumpfende Gemeinschaft ausgehalten. Die weiße Hauptkirche wird noch genutzt; neben ihrem fein ziselierten Turm ragt das Minarett einer modernen Moschee auf, was ein schönes Symbol ethnischer Harmonie abgäbe, sollte die hier je erreicht werden. An manchen Gebäuden in Dipkarpaz – der griechischen Schule, die wie ein Tempel der Bildung über dem Dorf thront, dem Rathaus mit dem schmiedeeisernen Balkon, einer Säulenveranda hier und da – sind noch die Züge alten Wohlstands zu erkennen, auch wenn viele arme Jahre einen Schleier der Schäbigkeit darüber gezogen haben. Und doch ist es ein hübsches Dorf: weit über eine fruchtbare Ebene gebreitet, in der sich zwischen Wiesen und Hecken die Würfel der Häuser verteilen.

In das Haus, das wir besuchen, ist viel Liebe geflossen. Über dem Eingang wölbt sich eine kleine

Die Brandung der See umtost die einsam gelegene Kirche Agios Philon. Errichtet wurde sie mit den Steinen des zerstörten antiken Ortes Karpasia

Laube, Rosenstöcke blühen im Vorgarten, die Türen sind in leuchtendem Türkis und Blau gestrichen. Drinnen auf den Möbeln liegen Spitzendeckchen. Andreas und Elisabeth Chrisostomou haben dieses Haus 1973 gekauft, ein paar Monate bevor die Probleme begannen. Und hier sind sie geblieben, obwohl sie alle Rechte verloren, angewiesen waren auf die Wohlfahrt des Südens.

Warum? Die Frage ist wahrscheinlich indiskret. Doch Andreas Chrisostomou antwortet höflich und automatisch.

„Ich mag diesen Ort. Das ist das schönste Stück Zypern. Im Süden ist alles verbaut, drängen sich viel zu viele Menschen. Mein Haus ist hier." Er zuckt leicht mit den Schultern, ein groß gewachsener Herr mit schlohweißen Haaren, der als junger Mann einige Jahre in London lebte – davon ist ihm ein feiner britischer Akzent geblieben und wohl auch diese Entschlossenheit, „a cool mind" zu bewahren, wie er sagt.

Seine Frau scheint stärker unter der Situation zu leiden. Im Wohnzimmer hat sie die ferne Familie auf vielen Fotografien um sich versammelt, und als sie auf die Enkelkinder zeigt, die aus englischen Vorgärten lachen, werden ihre warmen Augen bei dem Gedanken an das Leben, das hätte sein können, von Melancholie überschwemmt.

Zweifellos aber haben die Dinge sich in letzter Zeit verbessert. Sie bekommen viel Besuch aus dem Süden, seit die Grenze offen ist und sich jedes Wochenende eine lange Autoschlange an die Spitze der Halbinsel vorschiebt, wo auf felsigem Grund das Andreaskloster steht: ein bedeutender Wallfahrtsort der Griechen, der während der innerzypriotischen Eiszeit vom Militär des Nordens okkupiert war. Bevor wir uns verabschieden, zeigt uns Herr Chrisostomou noch den großen Garten, über den hinweg man in der Ferne die Hügel ansteigen sieht. „Seien Sie ehrlich – würden Sie weggehen bei so einer Aussicht?"

Frei zu sein von Bitterkeit ist jedoch nicht die Regel. In Dipkarpaz treffen wir eine alte Griechin, die wie ein Geist umgeht – getrieben vom Gram, der noch nach 30 Jahren in ihr brennt. Dieses Fieber hat ihr Gesicht ausgezehrt, und es zwingt sie, jeden anzusprechen, von dem sie sich Gehör erhofft: Das Café haben sie mir genommen, das Kino, alles ist zerstört, mein Haus wollen sie auch. Atemlos betet sie die endlose Litanei des Unrechts herunter, ein elendes Klageweib aus einer griechischen Tragödie.

Für Irfan Dindar dagegen ist der Karpaz Poesie. „Ein unschuldiges Land", sagt er, „einsam, still." Das schätzt er nach all den Jahren als Offizier in der zyperntürkischen Armee. „Man ist ständig von zu vielen Menschen umgeben beim Militär." Diese Landschaft inspiriert ihn zu seinen Gedichten, vor allem, wenn er aufs Meer hinausfährt. Unter den gläsernen Tischplatten in seinem Restaurant – denn das ist er jetzt vor allem: Herr über das kleine „Blue Sea Hotel" – klemmen aber nicht seine eigenen Werke, sondern die bewunderter Meister. Hayaloglu, Cicero.

Der Speisesaal geht direkt auf die flache Bucht hinaus, wenig entfernt ankern ein paar altmodische Fischerboote. „Ist es Ihnen aufgefallen? Es gibt keine Musik hier im Restaurant. Das soll ein Ort der Ruhe bleiben!" Die Augen unter den dichten Brauen funkeln, seine stramme kleine Gestalt strahlt Selbstbewusstsein aus, aber wenn er eines seiner – ausnahmslos traurigen – Gedichte rezitiert, lacht er am Schluss wie über sich selbst.

„Wir müssen alles tun, um diese Gegend zu behüten." Er schließt die harten, schwieligen Hände zu einem schützenden Kelch. „Keine neue Straßen. Keine großen Hotels."

Er gehört zu den Gründern und aktivsten Mitgliedern des „Grünen Friedensvereins" („das hat nichts mit dem politischen Konflikt zu tun; wir sind gegen die Jagd") und vermittelt in dieser Funktion auch in der Eselsfrage. „Die Bauern kommen zu mir, wenn es Schäden gab, und ich kümmere mich darum, dass sie eine Kompensation vom Staat erhalten. Ich will nicht, dass die Esel umgebracht werden."

Mit Sorge beobachtet er, dass Bürokraten und Minister Land auf Karpasia kaufen: „Ich kenne die Namen. Sobald es Direktflüge gibt, bauen die hier Hotels!" Da fällt uns der freundliche Herr vom nordzypriotischen Tourismusministerium ein, mit dem wir in der Dämmerung über dem Golden Beach standen. „Wer weiß, wie lange man das hier noch so sieht", sagte er, während er den Blick schweifen ließ. Und in seiner Stimme war weniger Wehmut als Hoffnung. □

Barbara Baumgartner, *freie Journalistin in Barcelona, wünscht den Menschen auf Karpasia mehr Wohlstand, hofft jedoch andererseits, die Unberührtheit dort möge sich erhalten.*

MERIAN | TIPP Wohnen und Essen auf Karpasia

Hasan Korkmaz, Retter der Schildkröten, vor seinem „Turtle Beach Restaurant"

(O 1) **Karpaz Arch House, Dipkarpaz**
Elf Zimmer in einem restaurierten Steingebäude eines alten Landsitzes, rundum ein Blumengarten, kurze Entfernung zur Kirche Agios Philon und Strand.
Tel. (00 90/392) 372 20 09
Fax (00 90/392) 372 20 07

(O 1) **Oasis Hotel und Restaurant**
Fünf schlichte, aber zweckmäßige Zimmer in unmittelbarer Meeresnähe. Restaurant mit frischem Fisch, Kebabs und vegetarischen Gerichten.
Neben der Kirche von Agios Philon
Tel. (00 90/392) 856 50 82
und (00 90/392) 854 06 69
Fax (00 90/392) 824 49 52
www.ayfilon.com, oasis@ayfilon.com
März-November

(P 1) **Hasan's Turtle Beach Restaurant and Bungalows, Golden Beach**
Einfache Hütten und gutes Essen am wohl schönsten Strand Zyperns, einem noch unberührten Stück Natur.
Tel. (00 90/392) 372 22 35

(O 1) **Blue Sea Hotel, Dipkarpaz**
Restaurant und Hotel an einer hübschen kleinen Hafenbucht. Der Hotelbesitzer fängt für seine Gäste täglich frischen Fisch. Wer mag, kann sich aber auch selbst sein Mittageseen angeln, die Fischerboote gehören zum Hotel.
5 km östlich des Ortes
Tel. (00 90/392) 372 23 93
Fax (00 90/392) 372 22 55

(L 3) **Bogaz Hotel, Bogaz**
Ausgangspunkt zur Halbinsel am südlichen Beginn. Drei-Sterne-Hotel mit 44 Zimmern, Restaurant (auch am Strand), Beachbar, langem Sandstrand und einem Aktivangebot vom Scuba Diving über Wasserski bis hin zu Bootstouren.
Tel. (00 90/392) 371 25 58
und (00 90/392) 371 25 59
www.bogazhotel.com

>> weitere Tipps im Infoteil ab Seite 101

MERIAN
Die Lust am Reisen

ZUM ABONNIEREN

MERIAN ABONNEMENT

Lust auf ein **MERIAN Abonnement**

Wenn Sie MERIAN abonnieren möchten, erhalten Sie 12 Ausgaben im Jahr für 76,40 Euro (Auslandspreise auf Anfrage) statt 90,00 Euro bei Einzelkauf. Nutzen Sie den Preisvorteil von 15 % und sichern Sie sich Ihr Dankeschön: einen Reisewecker im MERIAN Look mit Schlummerfunktion, kratzfestem Glas und stoßfestem Edelstahlgehäuse. Für Ihre Bestellung eines MERIAN Abonnements verwenden Sie bitte die Postkarte auf Seite 99.

Unser Dankeschön für Ihr Interesse: Ein hochwertiger MERIAN Reisewecker mit verchromtem Metallgehäuse und dunkelblauer Lederhülle, Alarm- und Schlummerfunktion

MERIAN MINI-ABO

MERIAN zum Probieren

Wenn Sie MERIAN ausprobieren möchten, erhalten Sie die nächsten 3 Ausgaben frei Haus innerhalb Deutschlands zum Preis von nur 19,10 Euro statt 22,50 Euro bei Einzelkauf. Nutzen Sie den Preisvorteil von ca. 15 % und sichern Sie sich zusätzlich Ihr Dankeschön: das „MERIAN extra Deutschland".
Alle 16 Bundesländer werden ausführlich mit ihren landschaftlichen und kulturellen Besonderheiten vorgestellt. Mit regionalem Kartenteil, großer Deutschlandkarte zum Herausnehmen und Satellitenaufnahme. Für Ihre Bestellung dieses MERIAN Mini-Abos verwenden Sie bitte die Postkarte auf Seite 99.

Unser Dankeschön für Ihr Interesse: das „MERIAN extra Deutschland" mit allen Bundesländern auf einen Blick.

SAMMELSCHUBER

MERIAN Archiv!

Archivieren Sie Ihre MERIAN Sammlung stilvoll und sicher in den exklusiven MERIAN Sammelschubern aus Leder, Leinen oder Acryl. Jeder Schuber bietet Platz für ca. 12 MERIAN Ausgaben. Preise: Acryl 19,90 Euro. Leinen 12,90 Euro, Leder 24,90 Euro. **Kennwort: Schuber Acryl / Schuber Leinen / Schuber Leder**

Schaffen Sie Ordnung im Regal: Mit den hochwertigen Sammelschubern wird Ihre MERIAN Sammlung sicher und repräsentativ verwahrt.

Nutzen Sie auch den bequemen **BESTELLSERVICE** unter Telefon **0 40/87 97 35 40** oder **www.merian.de/shop**

PROGRAMM

AUSWÄHLEN UND BESTELLEN

Lieferbare MERIAN Titel

Ägypten
Amsterdam
Andalusien
Athen
Autostadt in Wolfsburg
Baden-Württemberg
Baltikum
Barcelona
Best of Italy
Berlin u. Potsdam
Brasilien
Budapest
Burma-Myanmar
Chicago
Chinas Norden
Cote d'Azur
Danzig & Masuren
Das neue Ruhrgebiet
Dominikanische Republik
Elsass
Ferien in Deutschland
Florida
Frankfurt
Franz. Atlantikküste
Gardasee
Große Ferien
Hamburg
Harz
Hongkong
Indiens Norden
Indiens Süden
Irland
Istanbul
Italien
Japan
Jerusalem
Kalifornien
Kanadas Osten
Kanarische Inseln
Köln
Krakau
Kreta
Kroatien
Kuba
Leipzig
Ligurien
Lissabon
Loire
London
Madrid
Mallorca
Marokko
Mauritius
Mecklenburg-Vorpommern
Mexiko
Moskau
MS Europa
München
Neapel / Amalfi-Küste
Neuseeland
New York
Oberbayern
Paris
Piemont–Turin
Portugal
Prag
Provence
Rom
Sardinien
Schottland
Schweden
Schweiz
Shanghai
Sizilien
Slowenien
Spaniens Norden
Steiermark
Südafrika
Südengland
Südtirol
Sylt
Thailand
Tirol
Toskana
Umbrien
USA: Die Südstaaten
Wasserreich Niedersachsen
Weimar
Wien
Zypern

Bestellhotline:
0 40/87 97 35 40 oder
www.merian.de/shop

MERIAN Die Lust am Reisen

ABONNEMENT

Wenn Sie MERIAN abonnieren möchten, sichern Sie sich Ihr Dankeschön: einen Reisewecker im MERIAN Look mit Schlummerfunktion, kratzfestem Glas und stoßfestem Edelstahlgehäuse.

Bitte freimachen falls Marke zur Hand. Oder senden Sie per Fax an: **040/27172079**

ANTWORT

**MERIAN
Leserservice
Postfach 60 12 20**

D-22212 Hamburg

MERIAN Die Lust am Reisen

GUTSCHEIN

MERIAN Die Lust am Reisen

PREMIUM SHOP

UMFANGFREICH

MERIAN *live!* Sonderausgaben

MERIAN *live!* Reiseführer. Mit Quickfinder in den Klappen, den Attraktionen jeder Reise auf einen Blick und gewohnt exzellenter MERIAN Kartografie.

Preis: 9,90 Euro

Kennwort: MERIAN live! + Deutschlands Küste, Österreich, Karibik, oder USA

Bitte freimachen falls Marke zur Hand. Oder bestellen Sie per Fax: **040/27172079**

ANTWORT

**MERIAN
Premium Shop
Postfach 60 12 20**

D-22212 Hamburg

- [ ] Ich abonniere MERIAN im Jahres-Abonnement für mich selbst.
- [ ] Ich bestelle das Mini-Abonnement von MERIAN für mich selbst.[1]
- [ ] Ich möchte ein MERIAN Jahres-Abonnement verschenken.

Name / Vorname des Beschenkten

Straße / Haus-Nr. / PLZ / Ort

Tel.-Nr. / E-Mail

Die Rechnung und das umseitig jeweilige Dankeschön gehen an: (Adresse bitte unten eintragen). Der Jahres-Abo-Preis für 12 Ausgaben MERIAN beträgt 76,40 Euro frei Haus (innerhalb Deutschlands; Auslandspreise auf Anfrage).

Name / Vorname des Bestellers

Straße / Haus-Nr. / PLZ / Ort

Tel.-Nr. / E-Mail

Gewünschte Zahlungsweise bitte ankreuzen:

- [ ] **Gegen Rechnung** (Bitte keine Vorauszahlung leisten)
- [ ] **Bankeinzug** (Bequem und bargeldlos)

Bankleitzahl　　Kontonummer

Geldinstitut

Vertrauensgarantie: Die Bestellung wird erst wirksam, wenn sie nicht binnen zwei Wochen schriftlich beim MERIAN Leserservice, Postfach 60 12 20, 22212 Hamburg, widerrufen wird. Zur Wahrung der Frist genügt die rechtzeitige Absendung des Widerrufs. Dieses Angebot gilt nur in der Bundesrepublik Deutschland und solange der Vorrat reicht. Das Dankeschön darf ich auch bei Widerruf behalten.
1) Wenn ich nicht innerhalb von 2 Wochen nach Erhalt der 2. Ausgabe des Mini-Abonnements schriftlich beim Leserservice absage, beliefern Sie mich bitte im Jahres-Abonnement (12 Hefte zum Vorzugspreis von 76,40 Euro).
Die Kenntnisnahme dieser Hinweise bestätige ich durch meine Unterschrift:

Datum / Unterschrift　　ME 04/05 23265 / 23943

Unser Dankeschön für Ihr Interesse am Mini-Abo:
MERIAN extra Deutschland.

Ein MERIAN Abonnement bietet Vorteile:

1. 15% Preisvorteil
Sie erhalten 12 Ausgaben zum Vorzugspreis von 76,40 Euro statt 90,00 Euro.

2. Service
Sie erhalten jede MERIAN-Ausgabe pünktlich frei Haus. Porto und Verpackung zahlen wir für Sie.

3. Vertrauensgarantie
Eine Bestellung wird erst wirksam, wenn sie nicht binnen 14 Tagen schriftlich beim MERIAN-Leserservice, Postfach 60 12 20, 22212 Hamburg, widerrufen wird. Zur Wahrung der Frist genügt die rechtzeitige Absendung des Widerrufs.

4. Geld-zurück-Garantie
Sie können Ihr Abonnement jederzeit kündigen und erhalten für gezahlte und noch nicht gelieferte Hefte natürlich Ihr Geld zurück.

Die Lust am Reisen

MERIAN GUTSCHEIN

Lust auf Reisen?

MERIAN präsentiert zwölfmal jährlich ein lebensnahes und facettenreiches Porträt einer Stadt, einer Region oder eines Landes auf höchstem Niveau. Mit dem monatlich erscheinenden Magazin MERIAN erleben Sie einzigartige Bilder und packende Reportagen.

Das ist ein Geschenk für:

____

Die nächsten 12 Ausgaben sind ein Geschenk von:

____

Die Lieferung beginnt, sobald die oben stehende Abo-Postkarte ausgefüllt an den MERIAN Leserservice, Postfach 60 12 20, 22212 Hamburg eingegangen ist.

Bestellen Sie einfach und bequem per

MERIAN-Leserservice
Postfach 60 12 20
22212 Hamburg

040 / 87 97 35 40

040 / 27 17 20 79

www.merian.de

Ich möchte bestellen.
Bitte liefern Sie die Produkte an folgende Adresse:

Name / Vorname des Bestellers

Straße / Haus-Nr.

PLZ / Ort

Tel.-Nr. / E-Mail

Datum / Unterschrift　　ME 04/05

Rechnung abwarten – bitte keine Vorauszahlung leisten.
Die Lieferung erfolgt, innerhalb Deutschlands, porto- und versandkostenfrei. Auslandslieferungen auf Anfrage.

- [ ] **Mit der Zusendung von Informationsmaterial bin ich einverstanden.**
- [ ] **Ich habe den Bestellwert von 25,– Euro erreicht und erhalte „Best of MERIAN“ als Dankeschön dazu.**

Bitte tragen Sie hier die Kennwörter, Anzahl und Preise ein:

Kennwort	Anzahl	Einzelpreis (Euro)	Gesamtpreis (Euro)

Summe

Online geht die Reise los.

www.merian.de
Tausende von Reisezielen, Eventkalender, Reportagen, Tipps & Empfehlungen und weitere exklusive Angebote im MERIAN Premium Shop

MERIAN REISE-INFO ZYPERN

Bei sanfter Brise auf kristallklarem Wasser vor der Halbinsel Akamas

MERIAN Top Ten

Was Zypern-Besucher unbedingt sehen, erleben und erfahren sollten

Die Planquadrate mit großen Lettern beziehen sich auf die Karte S. 123, die mit kleinen auf den Nikosia-Plan S. 122

1. Halbinsel Karpasia Dornröschen-Naturlandschaft mit dem kilometerlangen Golden Beach im Nordosten und Wanderdünen aus feinem Sand. Dies ist unbestritten der schönste Strand Zyperns.

2. Troodos Mit dichten Wäldern und bis zu 2000 Meter hohen Gipfeln ist das Gebirge im Sommer ideal zum Wandern und Radwandern, im Winter zum Skilaufen.

3. Hafen von Kyrenia (Girne) Ein gewaltiges Kastell aus dem 13./15. Jahrhundert wacht über das hufeisenförmige Hafenbecken der Stadt. An keiner Promenade zyprischer Seestädte sitzt man idyllischer.

4. Kykkos-Kloster Das prunkvollste Bergkloster der orthodoxen Kirche Zyperns. Seine Architektur und sein reiches Museum sind Augenweide und Kunstgenuss.

5. Salamis Einstiges Königreich und 1000 Jahre bedeutendste Stadt der Insel. Heute ein archäologisch international bedeutendes Ruinengelände.

6. Green Line Die durch Stacheldraht, Schikanen und Soldaten auf Wachtürmen scharf gesicherte Grenze mitten in der Hauptstadt verdeutlicht die zyprische Tragödie und erinnert an das geteilte Berlin.

7. Agia Napa Die Club-, Musik- und Tanz-Szene des früheren Fischerdorfes übertrifft fast alle Party-Städte des Mittelmeerraumes.

8. Markthallen von Limassol Orientalische Einflüsse sieht, riecht und schmeckt man hier besonders deutlich. Angeboten werden Fleisch, Fisch, Gemüse, Spezialitäten und sogar Kunsthandwerk.

9. Mezedes Bis zu dreißig kleine Portionen mit landestypischen Gerichten ergeben ein fein abgestimmtes Menu zum Genießen.

10. Halloumi In Salzlake eingelegter Käse aus Ziegen- oder Schafsmilch und Kuhmilch. Frisch, gebraten, gebacken oder gegrillt wird er zu jeder Mahlzeit gereicht. Ist EU-zertifiziert!

INFO DATEN

Landesdaten

Fläche Mit 9251 km² ist Zypern nach Sizilien und Sardinien die drittgrößte Insel des Mittelmeers und halb so groß wie Sachsen.
Höchste Erhebungen Im Südwesten mit 1951 Metern der Olympos im Troodos-Gebirge, mit ca. 1000 Metern das schmale Pentadaktylos-Gebirge (Besparmak) an der Nordküste.
Einwohner 793 100 nach amtlichen Angaben, davon 639 400 Zypern-Griechen, 87 600 Zypern-Türken sowie 66 100 Ausländer. Im türkisch besetzten Nordteil leben mehr als 200 000 Menschen, darunter etwa 115 000 Übersiedler aus der Türkei. Außerdem sind 35 000 türkische Soldaten auf Zypern stationiert.
Religionen Im Norden dominieren Moslems, im Süden orthodoxe Christen. Mit wenigen Tausend Menschen vertreten sind Maroniten (Christen libanesischen Ursprungs), Armenier und Latiner.
Lebenserwartung Frauen: 81 Jahre, Männer: 77 Jahre
Pro-Kopf-Einkommen
Zyperngriechen: umgerechnet 15 200 €; Zyperntürken: 7000 €
Arbeitslosenquote
3,1 % (Süden), 5,6 % (Norden)
Wirtschaftsstruktur
Dienstleistungen (74 %) und Industrie (21 %) sind im Süden bedeutend, der Anteil der Landwirtschaft (Zitrusfrüchte, Kartoffeln) liegt bei nur 4%. Im Norden macht der Agrarsektor 75,5 % aus. 2,4 Mio. Touristen jährlich bringen Südzypern mehr als eine Milliarde zyprische Pfund (CYP), was etwa 16 % des Bruttosozialprodukts entspricht.

ANREISE

Häfen und Flughäfen im türkisch besetzten Nordteil hat die Regierung des Südens für den internationalen Verkehr als illegal erklärt. Politisch korrekt reist man in die Republik Zypern ein und passiert dann die Green Line an bestimmten Übergängen nach Norden. Man darf den besetzten Teil der Insel ohne Visum bis zu drei Monaten bereisen. Den Einreisestempel drücken die zyprisch-türkischen Grenzer nicht in den Reisepass (wichtig!), sondern auf einen Blankozettel, den sie bei der Rückkehr kontrollieren. Wer aus dem Ausland auf direktem Weg in die international nicht anerkannte Türkische Republik Nordzypern will, muss über die Türkei reisen. Hierzu ist ein mindestens noch sechs Monate gültiger Reisepass erforderlich.

MIT DEM FLUGZEUG

Süden

Mehrere Linien- und Chartergesellschaften fliegen von Deutschland aus regelmäßig die internationalen Flughäfen Larnaka und Paphos an: Lufthansa (Tel. 01805/838 42 67, www.lufthansa.de) von Frankfurt nach Larnaka, Cyprus Airways (Tel. 069/69 02 20 77, www.cyprus airways.com) von Frankfurt nach Larnaka und Paphos, Hapag-Lloyd (Tel. 018 05/ 75 75 10, www.hlf.de) ab Hannover und Stuttgart nach Larnaka, von anderen deutschen Flughäfen auch nach Paphos, und LTU (Tel. 02 11/941 88 88, www.ltu.de) von Düsseldorf nach Larnaka und Paphos.

Norden

Es gibt keine Direktflüge. Ercan, der Flughafen des Nordens, ist nur nach Zwischenlandungen in der Türkei zu erreichen, mit Turkish Airlines (Tel. 069/ 65 00 74 11, www. thy.com) und mit Cyprus Turkish Airlines (www.kthy.net).

MIT SCHIFF UND YACHT

Süden

Limassol (Lemesos) Fährverbindungen von und nach Griechenland, Israel, Ägypten, Libanon. Der Hafen ist auch Ankerplatz für Kreuzfahrtschiffe.
St. Raphael Die Motorboot- und Segelyacht-Marina, Teil einer Hotelanlage, hat Platz für 227 Boote bis zu 30 m Länge und 4 m Tiefgang. Zoll- und Einfuhrformalitäten innerhalb der Marina (Tel. 25 63 58 00, Fax 25 63 52 08 www.rapha el.com.cy).
Larnaka Der Hafen liegt 5 km vom Flughafen entfernt und kann Schiffe bis 250 m Länge aufnehmen.
Larnaka Marina Hier kommen 450 Yachten unter (rechtzeitig Platz reservieren!) Die Mindesttiefe der Marina beträgt 1,5 m, die maximale Tiefe 4 m. Zoll- und Einfuhrformalitäten innerhalb der Marina.
Tel. 24 65 31 10, 24 65 31 13, Fax 24 62 41 10, larnacamari na@cytanet.com.cy

Norden

Fährverbindungen zwischen der Türkei und Nordzypern von Mersin nach Famagusta (Gazimagusa) und von Tasucu nach Kyrenia (Girne) tägl., Hin-/Rückfahrt: PKW 75 $, Erw. 42 $, Kinder 7-12 J. 25 $, Ki. bis 6 J. frei), in den Sommermonaten auch von Antalya und Anamur. Auf der Strecke von Alanya nach Kyrenia (Girne) verkehrt ein Schnellboot (tägl., Hin-/Rückfahrt: Erw. 55 $, Kinder 7-12 J. 40 $, Ki. bis 6 J. frei). Fergün Denizcilik Sti. Ltd., Tasucu – Girne, in Girne: Yeni Liman Yolu, Tel. (00 90-392) 815 17 70, Fax (00 90-392) 815 19 89, Am Hafen: Liman Gise, Tel. (00 90-392) 815 49 93, in Tasucu: Atatürk-Cad., Vakiflar Ishani, No: 76, Tel. (00 90 324) 741 23 23 Fax (00 90 324) 741 28 02
Akgünler Denizcilik, Alanya- Girne, in Girne: Ramadan Cemil Meydani, No: 1, P.K. 130
Tel. (00 90 392) 815 31 70
Fax (00 90 392) 815 38 70

UNTERWEGS AUF ZYPERN

Man reist mit Bus, Taxi oder Leihwagen. Auf Zypern wird links gefahren. Bis auf Straßen in Bergregionen (besser mit Geländewagen) sind die Wege in gutem Zustand. Höchstgeschwindigkeit auf Autobahnen 100, in Ortschaften 50 km/h. Telefonierverbot, Anschnall- und Helmpflicht.

LEIHWAGEN

Süden

Am Larnaka International Airport und in allen Touristenzentren gibt es Niederlassungen von Mietwagenfirmen wie Alamo, Avis, Budget, Europcar, Hertz, Petsas, Thrifty. Achtung: Ein im Südteil gemieteter Wagen verliert beim Grenzübertritt seinen Versicherungsschutz. Man kann zwar, etwa an der Grenzstation Ledra Palace in Nikosia, für 10 CYP eine für

DATEN | WETTER

Zypern	Jan.	Feb.	März	Apr.	Mai	Juni	Juli	Aug.	Sept.	Okt.	Nov.	Dez.
Durchschnittl. Temp. in °C Tag/Nacht	17	17	18	21	24	28	30	31	29	26	23	19
	10	9	10	12	16	19	22	22	20	17	14	11
Sonnenstund./Tag	5	6	8	8	11	12	12	12	11	9	7	6
Regen-Tage	15	10	9	4	2	1	0	0	1	4	7	13
Wassertemp. in C°	16	16	17	18	20	21	23	24	25	24	21	18

Bis zu 340 Sonnentage im Jahr können kaum noch überboten werden (Temperaturen bis 40 Grad C auch nicht), und zwischen Mai und September ist es knochentrocken. Ab Oktober kann es regnen, die nassesten Monate sind Dezember bis Februar. Dann fällt im Troodos-Gebirge Schnee. Im Frühjahr gibt es häufig Überschwemmungen.

MERIAN-orbit
Aus 700 Kilometern Höhe bietet sich ein faszinierender Blick auf Zypern. Das Troodos-Hochland mit dem Olympos im Zentrum ist deutlich als „grüne Lunge" der Insel zu erkennen, ebenfalls das schmale, lang gezogene Pentadaktylos-Gebirge an der Nordküste. Als hellbraunes Feld im Zentrum präsentiert sich die fruchtbare Mesaoria-Ebene. Die im Norden benachbarte Küste ist die der Südtürkei

Nordzypern geltende Kfz.-Versicherung abschließen. Die deckt aber nur Schäden bis 1000 CYP, warnen Autoverleiher am Flughafen Larnaka.

Norden
Verleihfirmen auf Zypern nennt die Cyprus Turkish Rent A Car Association, Kyrenia (Girne), Tel. (00 90-392) 815 17 32 u. 815 39 80

TAXI

Süden
Für Taxis im städtischen Verkehr beträgt die Grundgebühr tagsüber 1,73 CYP (nach 20.30 Uhr 2,30 CYP), pro km zahlt man 32 zyprische Cent (39 Cent).
Überlandtaxis, in denen es keine Taxameter gibt, dürfen nur ab dem Standplatz gemietet werden. Die Einzelfahrt kostet 22 Cent/km. Mindestgebühr: 1,25 CYP.
Zwischen den Städten verkehren zwischen 6 und 19 Uhr halbstündlich Sammeltaxen für vier bis acht Personen. Man kann telefonisch Plätze buchen und sich innerhalb des Stadtgebietes abholen lassen oder sein Glück direkt an den Abfahrtstellen versuchen.
Cyprus Interurban Taxi Co. Ltd. gibt Informationen über Fahrzeiten sowie Platzbuchung:
Lefkosia (Nikosia)
Tel. 22 73 08 88
Limassol (Lemesos)
Tel. 25 36 41 14, 25 57 58 23
Larnaka, Tel. 24 66 10 10
und 66 21 10
Paphos, Tel. 26 23 31 81

Norden
Hier haben die Wagen keine Taxameter. Dafür gibt es Listen mit festen Preisen. Die Hin- und Rückfahrt vom Grenzübergang Ledra Palace in Nikosia bis Famagusta (Gazimagusa) und weiter nach Salamis einschließlich Aufenthalt zum Beispiel ist eine siebenstündige Tagestour und kostet 50 CYP. Etwas preiswerter sind Sammeltaxen (Dolmus), die zu festen Zeiten fahren.

BUS

Süden
Mehrere Busunternehmen verbinden die größeren Städte:
Intercity Buses Nikosia
Tel. 24 72 27 00, 24 64 34 92
www.intercitybuses.com
Nea Amoroza Transport Co Ltd.
Tel. 26 93 68 22, 26 93 67 40
Alepa Bus
Tel. 26 93 17 55
und 26 93 44 10
P.E.A.L Bus Co
Tel. 23 82 13 18
EMAN Buses
Tel. 23 72 13 21
Auch in die meisten Dörfer fahren Busse. Doch oft nur ein- oder zweimal am Tag.

Norden
Zwischen den größeren Städten verkehren tagsüber öffentliche Busse.

ALLGEMEINE INFORMATIONEN

Geld
Landeswährung im Süden ist das zyprische Pfund (1 CYP ca. 1,71 €), im Norden die türkische Lira (1 TRY ca. 0,59 €). Man kann mit CYP auch in Nordzypern bezahlen, aber nicht umgekehrt.

Telefonieren
Süden
Die internationale Vorwahl für Zypern aus Deutschland, Österreich und der Schweiz ist **003 57**.
Danach folgt stets eine achtstellige Nummer, die vollständig zu wählen ist (die früheren Ortsvorwahlnummern sind integriert). Mobilfunknummern beginnen mit **9**.

Norden
Als internationale Vorwahl zunächst **00 90** (Türkei), dann **392** (Nordzypern). Mit Ausnahme von Service- und Notfallnummern sind alle Telefonnummern siebenstellig. Auch im Norden sind die Ortsvorwahlnummern bereits integriert. Die Mobilfunknummern beginnen mit **05** und haben elf Ziffern. Bei den häufig im Norden auftretenden Störungen hilft der Operator unter der Nummer **192** weiter.

Anrufe zwischen den beiden Landesteilen werden wie im internationalen Verkehr getätigt. Nur von Handy zu Handy gibt's die zyprische Einheit: Egal, wo man ist, man wählt **9** für den Süden und **05** für den Norden.

Gesundheit
Impfungen sind nicht erforderlich. Bei Unfällen und Notfällen werden Patienten in den staatlichen Krankenhäusern (General Hospitals) kostenlos versorgt. Eine Auslandskrankenschutz-Zusatzversicherung auch für die Behandlung in Privatkliniken wird empfohlen.

Notfall
Süden
Polizei, Feuerwehr und Ambulanz sind unter den Sammelnummern **199** und **112** zu erreichen.

Norden
Polizei: **155**
Feuerwehr: **199**
Ambulanz: **112**

Auslandsvertretungen
Süden
Deutsche Botschaft
Nikitara 10, Lefkosia (Nikosia)
Tel. 22451145
Fax 22 66 56 94
www.nikosia.diplo.de
info@nikosia.diplo.de

Deutsches Konsulat
Archiespiskopou Kyprianou 21
Lemesos (Limassol)
Tel. 25 82 840
Fax 25 34 13 61
darling@lanitis.com

Österreichisches Honorargeneralkonsulat
Praxippou 3, Laiki Ytonia
Lefkosia (Nikosia)
Tel. 22 66 09 94
Fax 22 66 56 90
austria.cons@cytanet.com.cy

Schweizerische Botschaft
Themistokli Dervi 46
Medcon Tower, 6th fl.
Lefkosia (Nikosia)
Tel. 22 46 68 00
Fax 22 76 60 08
vertretung@nic.rep.admin.ch

Im Norden gibt es keine diplomatische Vertretung.

AUSKUNFT

Über den Süden
Deutschland
Fremdenverkehrszentrale Zypern, An der Hauptwache 7
60313 Frankfurt/Main
Tel. (069) 25 19 19
Fax 25 02 88
www.visitcyprus.org.cy
cto_FRA@t-online.de
Fremdenverkehrszentrale Zypern, Wallstraße 27
10179 Berlin
Tel. (030) 23 45 75 90
Fax (030) 23 45 75 92
cto_berlin @t-online.de

Österreich
Zypern Tourismus
Parkring 20, 1010 Wien
Tel. (01) 513 18 70
Fax (01) 513 18 72
zyperntourism@aon.at

Schweiz
Fremdenverkehrszentrale Zypern, Gottfried Keller-Str. 7
8001 Zürich
Tel. (01) 262 33 03
Fax (01) 251 24 17
Tel. Genf (022) 741 33 03

Zypern
Cyprus Tourism Organisation (CTO) 19 Limassol Ave.
CY-1390 Lefkosia (Nikosia)
Tel. 22 69 11 00
Fax 22 33 91 26
www.visitcyprus.org.cy
Sie ist in allen wichtigen Orten vertreten, nicht aber in Nordzypern.

Über den Norden
Deutschland
Nordzypern Tourismuszentrum
Baselerstraße 35-37
60329 Frankfurt am Main
Tel. (069) 24 00 79 46
Fax (069) 24 00 79 48
www.nordzypern-touristik.de

Zypern
Tourist Information Center North Cyprus
Girne Kapisi (Kyrenia-Tor)
Lefkoşa (Nikosia)
Tel. (392) 227 29 94

BÜCHER

Zypern MERIAN live! Bötig, Klaus; Travel House Media, 2004, 7,95 €. Übersichtlich, prägnant, vielseitig. Gute Tipps.

Baedeker Zypern Feltes-Peter, Astrid; Baedeker Allianz-Reiseführer, 2001, 15,95 €. Übersichtlich gegliedert, mit fundierten Informationen und guten Routenvorschlägen, solide und umfassend.

Bittere Limonen Durrell, Lawrence; Rowohlt, 1967, 7,90 €. Literarischer Einblick in das zypriotische Lebensgefühl durch historische Zusammenhänge, verknüpft mit den Sehenswürdigkeiten des Landes.

Caterina Cornaro Sachs-Collignon, Jetta; dtv, 1998, 8,70 €. Roman über die Venezianerin Caterina Cornaro, die letzte Königin von Zypern, und ihr Leben zwischen Glanz und Macht, Liebe und Verrat.

Geschichte der Republik Zypern Tzermias, Pavlos; A. Francke, 2004, 58 €. Ein allgemein verständlich aufbereiteter Streifzug durch die Jahrtausende zurückreichende, wechselvolle Geschichte des Inselstaates.

Griechenland und Zypern Tzimurtas, Giorgio; Eiswasser, 2001, 15,25 €. Mit Kurzgeschichten, Gedichten, Romanauszügen und Essays stellen sich 42 zeitgenössische griechische und zypriotische Autoren vor.

Iwanowski's Zypern Ziegler, Cony; Iwanowski's Reisebuchverlag, 2003, 19,95 €. Die Autorin verfügt über langjährige Zypernerfahrung, die in dieses Handbuch einfließt.

Kopiaste – Traditionelle zypriotische Gerichte Sitas, Amaranth; www.buchgourmet.com, 1999, 14,90 €. Anmerkungen zu Sitten und Gebräuchen ergänzen diese Sammlung typisch zypriotischer Rezepte.

Polyglott Apa Guide Zypern Müller, Claudia/Brey, Hansjörg; Langenscheidt, 1999, 19,95 €. Eine besondere Stärke des Reiseführers liegt in der Kompetenz seiner Autoren sowie in den beeindruckenden Fotos.

Tauchen auf Zypern Gierschner, Norbert; Gierschner, 2000, 11,80 €. Ein informatives Sachbuch über interessante Tauchgebiete und -basen, ergänzt um allgemeine Reiseinformationen.

Wandern & Erleben: Zypern Madian, Asisa/Matthießen, Kai; Bruckmann, 2002, 27,80 €. Dieser Wanderführer stellt 30 Routen vor, zu denen jeweils eine Detailkarte gehört. Auch allgemeine Reiseinformationen sind enthalten.

Wir waren wie Brüder Asmussen, Jan; LIT, 2001, 35,90 €. Gestützt auf Reisen in beiden Landesteilen und auf zahlreiche Interviews analysiert der Autor das jahrhundertelang friedliche Zusammenleben der Zyprioten.

Zwischen zwei Welten Petry, Carolina; Mensch & Buch, 2000, 22 €. Die Zyperntürken: eine Gesellschaft zwischen Tradition und Moderne. Einblicke in ihre Alltagskultur am Beispiel von Famagusta.

Zypern, Byzantinische Kirchen und Klöster Hein, Ewald; Jakovljevic, Andrija; Kleidt, Brigitte; Melina, 1996, 40,40 €. Ein ebenso schönes wie umfassendes Buch mit ausführlichen Beschreibungen und farbigen Darstellungen auch der Troodos-Kirchen.

Zypern per Rad Kirschnick, Thorsten; Kettler, 1997, 12,80 €. Für sportliche Genießer: Die vorgestellten Etappen sind vielfältig kombinierbar. Verbesserungsfähig: einige Wegbeschreibungen im Gelände.

Zypern Schneider, Andreas; DuMont, 2002, 25,90 €. Kenntnisreicher Kunst-Reiseführer zum tieferen Verständnis der Kultur beider Inselteile.

Zypern Braun, Ralph-Raymond; Michael Müller Verlag, 2005, 18,90 €. Ein umfassender Reiseführer, der neben den kulturellen Sehenswürdigkeiten auch dem Unterwegssein in der Natur viel Raum gibt.

Alle Texte zum Reiseinfo: Frank Hartmann Stand Januar 2005

NICHTS WIE RAUS:
HOLEN SIE SICH NORDIC WALKER!
02 MÄRZ/APRIL 2005
NORDIC walker
EUROPAS GROSSES NORDIC-FITNESS-MAGAZIN
Welcher Stock für welchen Typ?
50 Nordic-Walking-Parks in Deutschland
Diese Kassen zahlen Ihren NW-Kurs!
RIESEN-GEWINNSPIEL Reisen und NW-Ausrüstungen im Wert von über 10.000 € zu gewinnen!
Teneriffa
Darss-Zingst
Hindelang
Köln
FIT INS FRÜHJAHR
Der Kalorien-Killer – was Nordic Walking wirklich bringt!
JETZT NEU
Europas großes Nordic-Fitness-Magazin.
Mehr Infos unter: Telefon 040/38 90 68 20 oder www.nordic-walker.de
frahmundwandelt.de

MERIAN | ARCHÄOLOGIE

Königreiche am Meer

Ausgrabungen rund um Limassol

Stadtkönigreich Amathous

Ausgrabungen legten Teile von Akropolis und Agora sowie von Ober- und Unterstadt frei. Die Hafenanlagen und Teile der Unterstadt sind wohl im Meer versunken. Die Ruinen werden auf das archaische, das römische und das frühe christliche Zeitalter datiert, aus dem fünf Basiliken erhalten sind. Auch in Amathous ist der alte Aphrodite-Astarte-Kult belegt.

(F 6) Amathous, 11 km östlich von Limassol
tägl. 9-17 Uhr, Juni-Aug. 9-19.30 Uhr, 0,75 CYP

Heiligtum des Apollo Hylates

Apollo Hylates war Schutzgott von Kourion. Ihm zu Ehren fanden hier vom 8. Jh. v. bis ins 4. Jh. n. Chr. Feiern und Zeremonien statt. Ausgrabungen auf 15 000 m² legten u. a. einen Bäderkomplex, die Versammlungshalle der Pilger, die Palästra und eine Altarstätte frei.

(D 6) Episkopi, 3 km westlich von Kourion, *tägl. 9-17, Juni-Aug. 9-19.30 Uhr, 0,75 CYP*

Heiligtum des Apoll. Die Säulen erstanden wieder neu

Burg von Kolossi

Gutes Beispiel für die Militärarchitektur des Mittelalters. Die Burg wurde im 13. Jahrhundert erbaut und erhielt Mitte des 15. Jahrhunderts ihre heutige Form. 1291, nach dem Fall von Akkon, diente sie dem Ritterorden der Johanniter als Kommandantur. Im 14. Jahrhundert geriet sie für einige Jahre in den Besitz des Templerordens. Aus dieser Zeit befindet sich noch neben der Burg noch die Ruine einer Zuckerrohrfabrik.

(D/E 7) Kolossi, 14 km westlich von Limassol
tägl. 9-17 Uhr, im Sommer 9-19.30 Uhr, 0,75 CYP

Stadtkönigreich Kourion

Herodot zufolge wurde Kourion von Siedlern aus dem griechischen Argos gegründet. Das restaurierte griechisch-römische Theater aus dem 2. Jh. v. Chr. steht auf einem Felsvorsprung hoch über dem Meer und ist der fesselnde Blickfang der Anlage. Unter den freigelegten Gebäuden ragen das Haus des Eustolios mit großflächigen Mosaiken, ein antikes Forum, ein Nymphäum, öffentliche Bäder und das Haus der Gladiatoren sowie eine frühchristliche Basilika heraus. Kourion ist eine der eindrucksvollsten archäologischen Stätten der Insel.

(D 7) Episkopi, 19 km westlich von Limassol
tägl. 8-17 Uhr, Juni-Aug. 8-19.30 Uhr, 1 CYP

KUNST UND ARCHITEKTUR

NORDEN

Nikosia (Lefkoşa)

Büyuk Han

Der von Arkaden dominierte Hof wurde 1572 auf Anweisung des ersten osmanischen Gouverneurs von Zypern, Muzaffer Pascha, errichtet. In der ehemaligen Karawanserei reihen sich heute 68 Räume und zehn Geschäfte: Souvenirläden, Restaurants und Weinbars. Dienstags und donnerstags wird hier abends türkische Livemusik gespielt.

(d 3) Altstadt

Kumarcilar Han

Neben dem Büyuk Han ein weiteres interessantes Beispiel für osmanische Baukunst. Der „Glücksspieler-Hof", einst eine Karawanserei, stammt aus dem späten 17. Jh. Das Gewölbe im Eingang deutet auf ein früheres Gebäude an dieser Stelle hin.

(d 3) Altstadt

Girne-Tor

Das 1562 errichtete Kerynia-Kapisi war eines der Haupttore der Stadt und wurde zunächst „Porta dei Proveditore" benannt, nach seinem Architekten, Proveditore Francesco Barbaro. Die arabische Inschrift über dem Tor lautet übersetzt: „O Mohammed, gib diese Nachrichten dem Gläubigen: Sieg kommt von Gott, und der Triumph ist nahe. O Öffner der Türen, öffne für uns die beste aller Türen." (d 1)

(G 2) Kyrenia (Girne)

Hafen

Mykener gründeten um 1200 v. Chr. die Stadt mit dem schönsten Hafen der ganzen Insel. Die Kais sind eingerahmt von einer fränkischen Festung (Baubeginn: 9. Jh.), einer Moschee, einer orthodoxen Kirche und venezianischen Häusern – heute Pensionen, Restaurants und Tavernen.

St. Hilarion

Bekannteste der drei Burgen (St. Hilarion, Buffavento, Kantaras) auf den Gipfeln des Pentadaktylos-(Besparmak-)Gebirges, die der Verteidigung der Nordküste dienten. Die Trutzburg thront auf einem steilen Kalkfelsen. Einst hatten Mönche hier ein Kloster gegründet, das dem Heiligen Hilarion geweiht war. Im 11. Jh. erweiterten es die Byzantiner zur Festung. Das französische Adelsgeschlecht der Lusignan gestaltete sie ab 1192 zu ihrer Sommerresidenz um. Wesentliche Teile blieben erhalten. Vom Königsfenster in der Oberburg kann man bis zum türkischen Taurusgebirge sehen.

(G 2/3) ca. 10 km südwestl. von Kyrenia *9-13 u. 14-16.45 Uhr (Winter); 9-17 Uhr (Sommer)*

Das Famagusta-Tor, Teil der Stadtmauer, hielt der türkischen Belagerung 1570 nicht stand

(L 4) Famagusta (Gazimagusa)

Altstadt

Die erste Ansiedlung um die kleine Lagune wurde vermutlich zwischen 285 und 247 v. Chr. vom ägyptischen König Ptolemäos II. angelegt und nach seiner Frau „Arsinoe" benannt. Die 3 km lange Stadtmauer, die in venezianischer Zeit auf 17 m Höhe und 9 m Breite erweitert und verstärkt wurde, erlaubte nur zwei Zugänge: durch das Land- und das Seetor. Die reichste Stadt der Levante, an deren Othello-Turm Shakespeare sein gleichnamiges Drama angesiedelt hat, schmückten einst 365 Kirchen, übrig blieben gut zwei Dutzend. Die Nestorianer-Kirche etwa ist jetzt Festsaal der Universität, die gotische Kathedrale Sankt Nikolaus im

Zentrum eine Moschee. Der gotischen Krönungskirche der Lusignan fügte man nach der Eroberung durch die Osmanen im Jahr 1571 ein Minarett an. So entstand die Hauptmoschee, die Lala Mustafa Pasha Camii.
9-13 Uhr u. 14-16.45 Uhr (Winter); 9-17 Uhr (Sommer)

SÜDEN

Nikosia (Lefkosia)

Famagusta-Tor

In die 4,5 km langen venezianischen Wälle rund um die Altstadt sind elf Bastionen mit herzförmigem Grundriss eingelassen. Das Famagusta-Tor wurde restauriert und ist heute städtisches Kulturzentrum. Der breite Gewölbegang, der zum Burggraben führt, und zwei große Räume werden für Ausstellungen, Konferenzen, Lesungen und andere Veranstaltungen genutzt.
(f 4) Leoforos Athinon
Mo-Fr 10-13 u. 16-19, Juni-Aug. 10-13 Uhr u. 17-20 Uhr Eintritt frei

Städtisches Kunstzentrum

Ein schönes Beispiel für Industrie-Architektur: Das mit dem Pierides-Museum für zeitgenössische Kunst in Athen verbundene Kunstzentrum ist im Gebäude eines alten Elektrizitätswerks untergebracht.
(e 4) Apostolou Varnava 19
Di-Sa 10-15 u. 17-23 Uhr So 10-16 Uhr, Eintritt frei

Staatliche Galerie für zeitgenössische Kunst

Sammlung von Malereien und Plastiken zypriotischer Künstler des 20. Jahrhunderts.
(e 6) Leoforos Stasinou & Kritis
Mo-Fr 10-16.45, Sa 10-12.45 Uhr, Eintritt frei

(I 5) Larnaka

Städtisches Kulturzentrum

Fünf alte Zoll-Lagerhäuser im Kolonialstil (1881) wurden renoviert und in ein Kulturzentrum umgewandelt, Adresse auch für die Städtische Galerie und das Paläontologische Museum.
Leoforos Athinon/Plateia Evropis (Strandpromenade)

MOSCHEEN, KIRCHEN UND KLÖSTER

NORDEN

Nikosia (Lefkosa)

Selimiye-Moschee

Eines der bedeutendsten gotischen Architekturdenkmäler Nordzyperns. Der Grundstein wurde 1208 an Stelle einer älteren byzantinischen Kirche, der Kathedrale der Heiligen Sophia gelegt. Die beiden Türme, die das Eingangstor flankieren, blieben unvollendet. Sie waren als Glockentürme gedacht, wurden aber später als Unterbauten für die Minarette benutzt. Die Kapelle auf der Nordseite war dem heiligen Nikolaus geweiht. Die südliche Kapelle, in der die Jungfrau Maria verehrt wurde, ist in einen Mihrab, eine muslimische Gebetsnische, verwandelt worden. (d 3)

Bedesten

Der Bedesten oder „Gedeckte Markt" war im 12. Jh als byzantinische Kirche erbaut worden. Im 14. Jh. erweiterte man den Bau um gotische Elemente. Die Venezianer wandelten ihn in eine griechisch-orthodoxe Metropolitenkirche um, in osmanischer Zeit wurde er als Textilbasar benutzt.
(d 3) südl. der Selimiye-Moschee

Kloster

Ikonen von Lukas im Kykkos-Kloster

Das im 11. Jh. von einem Einsiedler gegründete und der Jungfrau Maria geweihte Kloster gilt als wichtiges geistiges Zentrum der orthodoxen Welt. Es ist reich und besaß einst sogar Ländereien in Kleinasien und Russland. Sein kostbarster Besitz: eine der drei noch erhaltenen Marien-Ikonen, die der Heilige Lukas gemalt haben soll. Die mit Silber beschlagene Ikone ruht in einem Schrein aus Schildpatt und Perlmutt und befindet sich vor der Ikonostase. Im Museum von Kykkos sind Weihgefäße, Ikonen, Fresken, Antiquitäten und Manuskripte zu sehen. Neben Kräutertee und Likören aus frischen Früchten erzeugt das Kloster auch Wein. Eine besondere Spezialität ist der 20 Jahre lang gereifte Dessertwein „Kyprion Nama".

(D 4) Panagia Kykkotissa
12 km westlich von Pedoulas im Troodos-Gebirge
www.kykkos-museum.cy.net
Nov.-Mai tägl. 10-16 Uhr; Juni-Okt. 10-18 Uhr; 1,50 CYP (Museum); Religiöse Feste: 15. Aug. und 8. Sept.

Die Selimiye-Moschee gilt als eines der bedeutendsten gotischen Architekturdenkmäler Zyperns

MERIAN | TIPP

Im Norden: Soli und Vouni

Die Siedlung Soli (Soloi) an der Bucht von Morfou (Güzelyurt) geht auf das 11. Jh. v. Chr. zurück. Auf der Akropolis, die die Hügelkuppe oberhalb des Theaters einnahm, stand der königliche Palast. Das Theater für etwa 4000 Zuschauer wurde im späten 2. oder frühen 3. Jh. n. Chr. gebaut und dessen erhaltene steinerne Sitze im 19. Jh. zum Neubau der Kaianlagen ins ägyptische Port Said transportiert. Die untere Hälfte des Zuschauerbereichs ist inzwischen restauriert. In den Resten der Tempel, die Isis und Aphrodite geweiht waren, wurde der berühmte Torso der Aphrodite gefunden. Der so genannte Fugger-Sarkophag, heute im Kunsthistorischen Museum in Wien, soll ebenfalls aus der Nekropole von Soli stammen. Weitere Funde: Gold- und Silberschmuck aus hellenistischer Zeit und ein Fries aus dem 2. Jh. v. Chr. mit der Darstellung des Amazonenkrieges (zu sehen im Zypern-Museum in Nikosia).
(D 3) Soli (Soloi)
9-13 u. 14-16.45 Uhr (Winter); 9-19 Uhr (Sommer)

Der Palast von Vouni wurde im 5. Jahrhundert v. Chr. vom König der Nachbarstadt Marion auf einer 250 Meter hohen Hügelkuppe erbaut. Von seinen Ruinen hat man einen wunderbaren Blick über das Meer. Der Palast mit einer wohl 4000 m² großen Grundfläche war mit 137 Räumen, mit Badeanlage, Speichern, Atrium und großem Hof mit Brunnen ausgesprochen repräsentativ. Später erhielt er ein zweites Stockwerk aus Lehmziegeln. 380 v. Chr. wurde der luxuriöse Bau durch einen Brand zerstört.
(D 3) Vouni (Bademliköy)
9-13 u. 14-16.45 Uhr (Winter) 10-17 Uhr (Sommer)

Haydar-Pascha-Moschee

Die lateinische St.-Katharinenkirche wurde Ende des 14. Jh. erbaut und später in eine Moschee umgewandelt. Ihr Äußeres bestimmen mächtige, im Querschnitt trapezförmige Pilaster, die sich mit hohen, schmalen Fenstern im gotischen Stil abwechseln. **(e 3)**

(H 3) Bellapais (Beylerbeyi)
Abtei

Das Bauwerk, dessen Name sich von „Abbaye de la Paix" (Abtei des Friedens) ableitet, gilt als Meisterwerk gotischer Kunst. Nachdem Jerusalem 1187 an Saladin gefallen war, ließen sich hier geflohene Augustinermönche nieder. Der ursprüngliche Bau wurde zwischen 1198 und 1205 errichtet. Ein großer Teil des Komplexes, der heute zu sehen ist, entstand während der Herrschaft des französischen Königs Hugo III. (1267-1284). Das Refektorium ist ein hervorragendes Beispiel gotischer Architektur und der schönste Raum des gesamten Klosters.
9-13 u. 14-16.45 Uhr (Winter) 9-17 Uhr (Sommer)

(L 4) Famagusta (Gazimagusa) und Umgebung
Moschee Lala Mustafa Pascha

Einer der schönsten gotischen Bauten im Mittelmeerraum ist die 1298-1312 erbaute frühere Nikolaus-Kathedrale. Der alte Feigenbaum neben dem Eingang soll bei Beginn der Arbeiten gepflanzt worden sein. Bevor der Bau 1571 zur Moschee umgewidmet wurde, war es üblich, dass zyprische Könige in der Kathedrale der Heiligen Sophia in Nikosia gekrönt wurden und anschließend in St. Nikolaus in Famagusta zum König von Jerusalem. Die Westfassade des Sakralbaus ist am besten erhalten.

(L 4) Egkomi
Barnabas-Kloster (Moni Apostolou Varnava)

Kirche und Kloster des zyprischen Nationalheiligen und Märtyrers Barnabas, der 45 n. Chr. als Gefährte des Apostels Paulus die Christianisierung der Insel voranbrachte und nahe Salamis gesteinigt wurde. Das Kloster wurde im 5. Jh. gegründet, eine Kirche mit mehreren Kuppeln im 10. Jh. gebaut. Die heutige Anlage stammt aus der Mitte des 18. Jhs., der Turm aus dem 20. Jh. Das Kloster beherbergt eine Ikonenausstellung und ein archäologisches Museum.
2 km nordwestlich der Ruinenstätte von Salamis
Di-Sa Mai-Okt. 8-19 Uhr; Nov.-Apr. 8-13 u. 14.30-17 Uhr; So, Mo u. an Feiertagen geschl.

Vorher St. Nicolai: Moschee Lala Mustafa Pascha in Famagusta

(D 3) Soli (Soloi)
Basilika

Soli ist der Legende nach der Platz, an dem der heilige Markus getauft wurde. Solis erster Bischof war der heilige Auxibius, ein Römer, der im 1. Jh. aus der Stadt geflohen war. Die Basilika gilt als eine der frühesten ihrer Art auf Zypern. Der Boden ist völlig mit Mosaiken bedeckt, darunter ein sehr schönes, das einen Schwan darstellt. Im 5. und 6. Jh. wurde der Bau erweitert. Nach der Zerstörung im 7. Jh. entstand im 12. Jh. auf dem Ostteil der Ruine eine kleinere Kirche.

SÜDEN

(D/E 4/5) Troodos

Erstklassige Kunstschätze sind die zum UNESCO-Weltkulturerbe gehörenden Scheunenkirchen in der Troodos-Region. Sie stehen, teilweise etwas abgelegen, in ebenfalls sehenswerten Gebirgsdörfern und zeichnen sich nicht nur durch ihre besondere Architektur, sondern vor allem durch prächtige byzantinische Fresken und Ikonostasen aus (s. S. 64).

(H 5) **Kloster Stavrovouni (Moni Stavrovouniou)**
Das Kloster „Berg des Kreuzes" thront auf einem Felsvorsprung. Der Legende nach wurde es im 4. Jh. durch die Heilige Helena, die Mutter Konstantins des Großen, gegründet und mit einem Splitter vom Kreuz Christi beschenkt. Am 14. September, dem „Tag der Errichtung des Heiligen Kreuzes", finden eindrucksvolle Zeremonien statt. Die Bruderschaft ist streng: Frauen dürfen das Kloster nicht betreten. Fotografieren und Filmen sind verboten.
9 km östlich der Straße Nikosia-Limassol
Sept.-März 8-12 u. 14-17
Apr.-Aug. 8-12 u. 15-18 Uhr

(E 7) **St.-Nikolas-Kloster (Moni Agiou Nikolaou)**
Ein weiteres Kloster, das auf die Heilige Helena zurückgeht. Das „Katzenkloster" liegt inmitten von Obstplantagen und Weingärten. Die vielen Katzen, die hier frei leben, stammen der Sage nach von dem Paar ab, das die Heilige Helena mitbrachte, um die Schlangenplage zu bekämpfen.

Fast 800 Meter hoch auf einer Felsnase: Kloster Stavrovouni

(B 5) **Neophytos-Kloster (Moni Agiou Neophytou)**
Der zypriotische Einsiedler und Schriftsteller Neophytos gründete es Ende des 12. Jhs. Eine in den Felshang gegrabene Höhle ist vom 12.-15. Jh. mit schönen byzantinischen Malereien verziert worden. In der Klosterkirche, die postbyzantinische (16. Jh.) Ikonen enthält, befindet sich ein Museum.
9 km nördlich von Paphos
tägl. Apr.-Okt. 9-12 u. 14-16
Nov.-März 9-16 Uhr, 0,50 CYP

MUSEEN

NORDEN

Nikosia (Lefkoşa)
Herrenhaus des Dervish Pascha
Die für die damalige Zeit charakteristische Villa aus dem 19. Jh. gehörte Dervish Pascha, dem Herausgeber der ersten türkischen Zeitung auf Zyperns, „Zaman". Jetzt beherbergt sie ein ethnografisches Museum.
(c 3) Kahramanzade-Viertel zwi. Arab Ahmet u. Paphos-Tor
Di-Sa Mai-Okt. 8-19 Uhr; Nov.-Apr. 8-13 Uhr u. 14.30-17 Uhr; So, Mo u. an Feiert. geschl.

Tas Eserleri Müzesi (Lapidarium)
Steinfragmente und Sarkophage, Grabsteine, Maßwerkfenster und Säulen zerstörter alter Gebäude wie gotischer Kirchen werden im Innenhof des Museums ausgestellt.
(e 3) nahe der Selimiye Moschee
Di-Sa Mai-Okt. 8-19 Uhr; Nov.-Apr. 8-13 Uhr u. 14.30-17 Uhr; So, Mo u. an Feiertagen geschl.

Mevlevi Tekke Museum (Volkskunstmuseum)
Ausgestellt sind Waffen, Musikinstrumente, Möbel, Geschirr und kunstvolle Koran-Ausgaben. Das Gebäude stammt aus dem 17. Jh. und diente den Tanzenden Derwischen bis 1920 als Kloster, einem Orden, der im 13.Jh. von dem mystischen Dichter Celaleddin Rumi Mevlana gegründet worden war. Heute sind die Tänze der Derwische Ereignisse von hohem kulturellen Rang.
(d 2) Girne Caddesi
Di-Sa Mai-Okt. 8-19; Nov.-Apr.

MERIAN | ARCHÄOLOGIE

Bilder aus der Götterwelt

Paphos und Umgebung

Mosaiken

Phaedra entbrennt in Liebe zu ihrem Stiefsohn Hippolytos

Paphos, eine der bedeutendsten antiken Stätten Zyperns, wurde zum beeindruckenden archäologischen Park, nachdem es 1980 Aufnahme in die Liste des UNESCO-Weltkulturerbes fand. Zu den Schätzen der am Hafen gelegenen historischen Unterstadt gehören wunderschöne römische Mosaiken in den Häusern des Dionysos, Theseus, Orpheus und Aion. Die Mosaikböden stammen aus dem 3.-5. Jh. und zeigen zum größten Teil Szenen aus der griechischen Mythologie.
tägl. Sept.-Mai 8-17, Juni-Aug. 8-19.30 Uhr, 1,50 CYP

Königsgräber
Die unterirdischen Grabanlagen aus dem 4. vorchristlichen Jahrhundert liegen weit verstreut. Sie sind aus Felsen herausgemeißelt, einige mit dorischen Säulen verziert. Es waren keine Könige, sondern eher hohe Beamte, die hier beigesetzt wurden, doch die Pracht der Gräber gab dieser Stätte ihren Namen.
tägl. 8-17, Sommer 8-19.30 Uhr, 0,75 CYP

Mittelalterliches Kastell
Ursprünglich ein byzantinisches Kastell zum Schutz des Hafens. Nach einer Erweiterung durch die Adelsfamilie der Lusignan im 13. Jh. wurde die Festung 1570 von den Venezianern zerstört. Die türkischen Eroberer bauten sie im 16. Jh. wieder auf.
Hafen von Paphos *Jun.-Aug. 10-18 Uhr*
Sept.-Mai 10-17 Uhr, 0,75 CYP

Heiligtum der Aphrodite
Alt-Paphos war ein Stadtkönigreich und eine der wichtigsten Pilgerstätten des griechischen Altertums. Hier stand das Heiligtum der Aphrodite, dessen älteste Relikte aus dem 12. Jh. v. Chr. stammen. Das in einem Anwesen der Lusignan untergebrachte Museum enthält viele Funde.
Kouklia, 14 km östlich von Paphos *tägl. 9-16 Uhr, 0,75 CYP*

Agios Georgios
In der Nähe eines kleinen Fischerhafens bei Pegeia sind in den Ruinen zweier frühchristlicher Basiliken Mosaikböden mit Tiermotiven zu sehen. Gräber aus der Römerzeit, die oberhalb der Küste in den Fels getrieben sind, zeugen davon, dass sich hier eine bedeutende Niederlassung der Römer befunden hat. Pegeia selbst ist durch die Brunnenanlage auf dem gepflasterten Dorfplatz bekannt.
Pegeia, 19 km nw. von Paphos *Mo-Sa 10-16 Uhr, 0,75 CYP*

MERIAN | TIPP

Im Süden: Nikosia und Umgebung

Königsgräber in Tamassos
Tamassos war ein reiches Stadtkönigtum, berühmt wegen seiner Kupferminen. Ausgrabungen brachten königliche Grabstätten und Kupferschmiede-Werkstätten zutage, die an den Aphrodite-Astarte-Kult erinnern.
(G 4) Politiko
17 km südwestlich von Nikosia
Mo-So 9.30-15.30 Uhr, 0,75 CYP

Larnaka und Umgebung

Neolithische Siedlung
Die 1998 in die UNESCO-Liste des Weltkulturerbes aufgenommene Siedlung ist 9000 Jahre alt und damit eine der ältesten dauerhaften Wohnstätten der Menschen, die den Schritt vom Jäger und Sammler zum sesshaften Bauern machten. In unmittelbarer Nähe wurden fünf jungsteinzeitliche Rundhäuser nachgebaut und mit Kopien von Gegenständen eingerichtet, die man bei den Ausgrabungen fand.
(G 6) Chirokitia, an der Autobahn Nikosia-Limassol
Sept.-März tägl. 9-17, Apr.-Aug. Mo-Fr 9-19.30, Sa-So 9-17 Uhr, 0,75 CYP

Ausgrabungsstätte von Kition
Antikes Stadtkönigtum mit Ruinen aus dem 13. Jh. v. Chr., um 1200 v. Chr. von den mykenischen Griechen befestigt. Die Ausgrabungen förderten Wälle aus mächtigen Steinblöcken und einen Komplex aus fünf Tempeln zutage.
(I 5) Larnaka, ca. 500 m nordöstl. des Archäologischen Bezirksmuseums
Mo-Fr 9-14.30 Uhr, Do 15-17 Uhr (außer Juli-Aug.) Sa u. So geschl., 0,75 CYP

8-13 u. 14.30-17 Uhr; So, Mo und an Feiertagen geschl.

(G 2) Kyrenia (Girne)
Volkskunst-Museum
Das kleine Museum war ursprünglich ein typisches Haus des 18. Jh. Im Erdgeschoss sind eine Ölpresse, ein Dreschschlitten und andere landwirtschaftliche Geräte ausgestellt. Das Obergeschoss beherbergt Brautkleider, verzierte Holztruhen und verschiedene Näharbeiten.
Hafen
Di-Sa Mai-Okt. 8-19; Nov.-Apr. 8-13 u. 14.30-17 Uhr; So, Mo u. an Feiert. geschl.

Schiffswrack-Museum
Das Wrack gilt als das besterhaltene seiner Art. Ein Schwammtaucher entdeckte es 1965 etwa 1,5 km vor der Küste von Kyrenia in 18 Metern Wassertiefe. Die Analyse ergab als Baujahr 288 v. Chr. Der Schiffsrumpf aus Aleppo-Fichte war etwa 15 m lang und mit Blei überzogen, wohl um ihn gegen Seewürmer zu schützen (siehe auch S. 76).
Kastell von Kyrenia (Girne)
Di-Sa Mai-Okt. 8-19; Nov.-Apr. 8-13 u. 14.30-17 Uhr; So, Mo und an Feiertagen geschl.

Ikonen-Museum
Der hohe Glockenturm der griechisch-orthodoxen Archangelos-Kirche war dem Erzengel Michael geweiht. Die Kirche wurde 1860 erbaut, ihr Glockenturm etwa ein Vierteljahrhundert später hinzugefügt. Zurzeit dient sie als Museum, in dem Ikonen aus den Kirchen Kyrenias gesammelt und ausgestellt werden.
Archangelos-Kirche
Di-Sa Mai-Okt. 8-19; Nov.-Apr. 8-13 u. 14.30-17 Uhr; So, Mo und an Feiertagen geschl.

(L 4) Famagusta (Gazimagusa)
Djanbulat-Bastion und Museum
Kleidung, Werkzeuge und Bücher, darunter ein handgeschriebener Koran, bilden den Schwerpunkt des Volkskundemuseums. Nebenan: die Grabkammer des türkischen Generals Djanbulat, der 1570 Nikosia eroberte.
An der Hauptstraße Famagusta-Nikosia
Di-Sa Mai-Okt. 8-19 Uhr; Nov.-Apr. 8-13 Uhr u. 14.30-17 Uhr; So, Mo u. an Feiertagen geschl.

SÜDEN

Nikosia (Lefkosia) und Umgebung
Archäologisches Museum
Das auch „Zypern-Museum" genannte Haus bewahrt archäologische Schätze der ganzen Insel. In 14 Räumen sind Fundstücke – Keramiken, Plastiken, Bronzefiguren, Schmuck, Münzen etc. – vom 8. Jahrtausend v. Chr. bis zum Ende des Altertums ausgestellt.
(b 4/5) Mouseiou 1
Mo-Sa 9-17, So 10-13 Uhr 1,50 CYP

Byzantinisches Museum und Kunstgalerie
Die umfangreichste Ikonen-Sammlung der Insel: wertvolle Stücke aus dem 9.-18. Jh. Die Kunstgalerie zeigt Ölgemälde, Karten und Lithografien.
(e 4) Plateia Archiepiskopou Kyprianou (im Erzbischöflichen Palast) *Mo-Fr 9-16.30 Sa 9-13 Uhr, 1 CYP*

Ethnographisches Museum
Umfangreiche Sammlung von Gegenständen der zypriotischen Volkskunst im 19. und frühen 20. Jh.
(e 4) Plateia Archiepiskopou Kyprianou (im alten Erzbischöflichen Palast)
Mo-Fr 9-13.30 Uhr, 1 CYP

Ethnologisches Museum
Das einstige Herrenhaus des Steuereintreibers Chatzigeorgakis Kornesios ist das bedeutendste Gebäude des 18. Jhs. in Nikosia.
(e 5) Patriarchou Grigoriou 20
Mo-Fr 8-14 Uhr, 0,75 CYP

Städtisches Leventis-Museum
Das historische Museum zeigt das Leben in der heutigen Hauptstadt von der Antike bis zur Gegenwart.
(d 5) Ippokratous 17 Laiki Geitonia
Di-So 10-16.30 Uhr, Eintritt frei

Museum des Nationalen Kampfes
Dokumente, Fotos und andere Ausstellungsstücke erinnern an den nationalen Freiheitskampf von 1955 bis 1959.
(e 4) Plateia Arch. Kyprianou nahe dem Erzbischöfl. Palast
Mo-Fr 8-14, Sept.- Juni Do auch 15-17.30 Uhr, Eintritt frei

Kostbarkeiten der Ostkirchenkunst im Byzantinischen Museum in Nikosia

Die populärste der Aphroditen ist die aus Soli im Zypern-Museum

(F 5) Fikardou
Museumsdorf
Das ganze Dorf wurde als „Antikes Monument“ unter Denkmalschutz gestellt, um die Holzarbeiten und die Architektur des 18. Jhs zu erhalten. Die restaurierten Häuser des Katsinioros und des Archilleas Dimitri (teilweise 16. Jh.), erhielten 1987 den Preis „Europa Nostra“.
5 km nordöstlich des Klosters Machairas
Mai-Sept. Di-Fr 9-16.30, Sa -16 So 10-13.30; Okt.-Apr., Di-Fr 9-16, Sa 9-15.30, So 10.30-14 Uhr, 0,75 CYP

(I 5) Larnaka und Umgebung
Archäologisches Distriktmuseum
Sammlung von Funden aus der Region vom Neolithischen Zeitalter bis zur Römerzeit.
Plateia Kalograion
Mo-Fr 9-14.30, Do auch 15-17 Uhr (außer Juli/Aug.), 0,75 CYP

Pierides-Museum
Die älteste Privatsammlung Zyperns, gegründet von Dimitrios Pierides (1811-1895), umfasst antike, byzantinische, mittelalterliche und jüngere Exponate. Im Garten sind zudem griechische und zyprische Skulpturen zu sehen.
Zinonos Kitieos 4
Mo-Do 9-16 Uhr, Fr-Sa 9-13 Uhr, 1 CYP

Mittelalterliches Distriktmuseum
Das Larnaka-Fort wurde 1625 erbaut. In den ersten Jahren der britischen Herrschaft diente es als Gefängnis. Heute hat darin das Museum seinen Platz. Im Sommer wird das Fort als Kulturzentrum genutzt.
Larnaka, Küstenstraße
Jan.-Feb. u. Nov.-Dez. Mo-Fr 9-17; März-Mai, Sept.-Okt. Mo-Fr 9-18; Juni-Aug. Mo-Fr 9-19 Uhr, Sa und So geschlossen 0,75 CYP

(E 6/7) Limassol (Lemesos) und Umgebung
Archäologisches Distriktmuseum
Sammlung von regionalen Fundstücken aus dem Neolithischen Zeitalter bis zur Römerzeit.
Mo-Fr 9-17 Uhr
Sa 10-13 Uhr, 0,75 CYP

Museum des Mittelalters
Die Burg, die das Museum beherbergt, wurde im 14. Jahrhundert auf dem Gelände einer früheren byzantinischen Festung gebaut. Der Überlieferung nach hat hier Richard Löwenherz im Jahr 1191 Berengaria von Navarra geheiratet und sie zur Königin von England gekrönt.
Nähe alter Hafen
Mo-Sa 9-17 Uhr, So 10-13 Uhr 1 CYP

(D 6/7) Episkopi
Archäologisches Museum Kourion
Fundstücke aus den nahe gelegenen Ausgrabungsstätten.
14 km westlich von Limassol
Mo-Fr 9-14.30, Do auch 15-17 Uhr (außer Juli/Aug.), 0,75 CYP

(A/B 6) Paphos
Archäologisches Distriktmuseum
Fundstücke aus dem Umland, der wohl kulturhistorisch bedeutendsten Region. Die Sammlung umfasst die Zeitspanne vom Neolithikum bis etwa 1700 n. Chr.
Griva Digeni 43 *Mo-Fr 9-17 Sa 10-13 Uhr, 0,75 CYP*

Byzantinisches Museum
Ikonen aus dem 7.-18. Jh., darunter die älteste, die jemals in Zypern gefunden wurde.
Andrea Ioannou 5
Nähe Theodoros-Kirche
Apr.-Okt. Mo-Fr 9-17, Sa 9-13 Uhr; Nov.-März Mo-Fr 9-16 Uhr, Sa 9-13 Uhr, 1 CYP

MERIAN Info

Multimediale Zeitreise
Der „Time Elevator Cyprus“ ist eine Art Aufzug durch die Epochen der zyprischen Geschichte. Die Fahrt mit der beweglichen Zeitmaschine reizt durch mehrdimensionale Spezialeffekte die Sinne. Man sieht, hört und fühlt quasi die größten Momente der Historie Zyperns mit, von der Entstehung der Insel bis in die heutige Zeit. Die 360-Grad-Filmvorführung kann man in fünf Sprachen verfolgen (Griechisch, Englisch, Deutsch, Russisch und Französisch). Eine Fahrt dauert rund 30 Minuten, die gesamte Show, einschließlich Wissens-Quiz, etwa eine Dreiviertelstunde.

Time Elevator Cyprus
(E 6/7) Limassol (Lemesos)
Lanitis Carob Mill-Komplex hinter dem mittelalterlichen Kastell
Tel. 25 76 28 28
time.elevator@nplanitis.com
www.tiemeelevator-cyprus.com
tägl. Mai-Okt. 9.15-21.15, Nov.-Apr. 9.15-19.45 Uhr; Erw. 7 CYP, Ki. unter 12 J. 5 CYP

Die Pierides-Villa in Larnaka birgt archäologische Schätze

MERIAN | TIPP

Mezedes-Leckereien

Die zyprische Küche ist von Griechenland und vom Nahen Osten beeinflusst, hat aber auch eigene Gerichte und Gewürze zu bieten. Vor allem bei den *mezedes* zeigt sich die große Vielfalt, den bis zu 30 Vorspeisen und Delikatessen auf kleinen Tellern, die zusammen ein sorgfältig komponiertes Menu ergeben. Tavernen und Restaurants bieten es ab zwei Personen an.
Zu einem Fleisch-*Meze* gehören beispielsweise *loukanika* und *seftalia,* würzige, geräucherte und mit Koriander verfeinerte Bauernwürste. *Koupepia* sind mit Hackfleisch und Reis gefüllte Weinblätter, *lountza* geräucherter Schweineschinken. *Halloumi,* der berühmte Weichkäse, wird meistens gegrillt und schmeckt gelegentlich leicht nach Pfefferminz. Rinder- oder Kaninchen-*Stifado* werden in einer Kasserolle mit Weinessig, Wein, Zwiebeln und Gewürzen zubereitet. Kleftiko sind große Stücke Lammfleisch mit Lorbeerblättern, die in Lehmöfen gebacken werden. Zu den häufigsten Fisch- und Meeresfrüchte-*Meze* gehören Kalamares, Oktopus, Barbouni (Rotbarbe) und Meerbarsch. Außerdem *taramosalata* – eine Mischung aus Fischrogen, pürierten Kartoffeln, Petersilie, Zitronensaft und fein gehackten Zwiebeln.
Zu Fleisch wie zu Fisch passen Petersilie-Kartoffeln in Olivenöl, eingelegte Stücke von Blumenkohl und Roter Beete, Zucchini, süße *kolokasi* (kartoffelähnliches Wurzelgemüse), Kichererbsen mit Olivenöl und Knoblauch und Spargel. Ebenso *talatouri,* ein mit Gurkenstückchen, etwas Knoblauch und Minze zubereiteter Joghurt.
Als Dessert gibt es frisches Obst, in Sirup eingelegte Früchte oder süßes Gebäck.

Preiskategorien

Alle Adressen im Info-Magazin sind MERIAN-Empfehlungen. Preiskategorien Restaurants (ein Hauptgericht):
€ bis 10 € €€ 10 bis 15 €
€€€ 15 bis 20 €
€€€€ mehr als 20 €

Fangfrisch: Muscheln, Shrimps und anderes Meeresgetier

SÜDEN

Adressen, Öffnungszeiten, Speisekarte und Preise können sich schnell ändern. Zumindest bei abgelegenen Cafés, Tavernen und Restaurants sollte man vorher anrufen und bei der Gelegenheit gleich reservieren.

NIKOSIA (LEFKOSIA)

Matthaios
Vom Essen in dieser einfach eingerichteten Mittagstaverne schwärmen die Hauptstädter.
(d 4) Platia 28 Oktovriou
Tel. 22 75 58 46
tägl. 12-17 Uhr €€

Oktana
Bistro, Café und Buchhandlung in einem schönen alten Haus. Clou zum Kaffee: eine Wasserpfeife.
(d 5) Aristidou 6, Tel. 22 76 00 99
tägl. 16-2 Uhr €

To Aigaion
Lektüre zum Essen? Vorn Bücherverkauf, dahinter zyprische Küche, großer Innenhof.
(f 4) Ektoros 40
Tel. 22 43 32 97, 34 75 22
tägl. ab 20.30 Uhr, mind. 1 Tag vorher reservieren €€

To Tsimbimata
Griechisch-zyprische Küche. Man darf sich mit Kreidestiften an der Wand künstlerisch betätigen. Ab 22 Uhr Livemusik.
(f 4) Othellou 1, Tel. 22 34 36 68
tägl. ab 20 Uhr €€

TROODOS

Kentro Forviotissa Asinou
Familienrestaurant mit sechs Backöfen im Hof. Inselweine und Honig. Wenn die Touristenbusse kommen, wird's eng.
(E 4) südw. von Nikitari nahe der Kirche von Asinou
Tel. 22 85 28 33
tägl. 9-16 Uhr €€

Linos
Große Auswahl an zyprischen Spezialitäten.
(E 4) Kakopetria, alter Ortskern
Tel. 22 92 31 61 €€

Psilo Dendro
Waldlokal mit frei laufenden Hühnern und Fischzucht. Die frische Forelle übertrifft alles.
(D 5) Pano Platres 48
Tel. 25 42 13 50 u. 25 42 20 50
tgl., Essen bis 17 od. 18 Uhr €€

LARNAKA UND UMGEBUNG

1900 Art Café
Vegetarisches Restaurant (Fisch), Gemälde und Filmposter in Bar und Café. Kunstausstellungen, freitags Livemusik.
(I 5) Stasinou 6, Tel. 24 65 30 27
nur abends, Di geschl. €€

Alakati
Familiäres Lokal mit Terrasse.
(I 5) Angyras 7, nahe türk. Hafenkastell, Tel. 24 65 30 42 und 99 48 77 74 *Mo geschl.* €€

Black Turtle Tavern
Griechische Musiktaverne, erster Stock in einem alten Haus.
(I 5) Mehmet Ali Str.
Tel. 24 65 06 61
tägl. 18-1 oder 2 Uhr €€

Taverna Napa
Rustikal eingerichtet, romantisch, große Terrasse. Reichhaltiger Vorspeisenteller.
(L 5) Agia Napa, Dimokratias 19
Tel. 23 72 12 80
tägl. 16-24 Uhr €€

LIMASSOL (LEMESOS) UND UMGEBUNG

Aliada
Schönes Restaurant in der Altstadt. Der Koch kennt unglaublich viele gute Rezepte.
(E 6/7) Irinis 117, Tel. 25 34 07 58
Mo-Sa 20-23 Uhr €€

Ladas Old Harbour
Gutes Fischrestaurant in einem umgebauten Lagerhaus.
(E 6/7) Saadi 1
Tel. 25 34 07 58 €€€

Neon Phaliron
Hervorragende zypriotische Küche, Karte mit 250 Weinen, Havanna-Zigarren.
(E 6/7) Gladstonos 135
Tel. 25 36 57 68
tägl. 10-16 u. 18.30-24 Uhr (So abends geschl.) €€€€

Melanda
Terrasse am Meer, nicht leicht zu erreichen, doch der Weg lohnt. Zum gegrillten Fisch gibt es Pommes frites.
(D 7) Avdimou Bay bei Pissouri (zwischen Limassol u. Paphos)
Tel. 99 56 53 36 *Di-So 9-23 Uhr (März-Nov.)* €€

PAPHOS UND UMGEBUNG

7 St. Georges Tavern
Urzyprische Gerichte mit heimischen Gewürzen, Früchten und Gemüse.
(A/B 6) Anthipolohagou G. M. Savva 37, Yeroskepos, Kato Paphos, Tel. 26 96 31 76 *Di-So 12-15, 19.30-23 Uhr* €€

Ta Bania
Stimmungsvolles Strandcafé. Der richtige Ort für das Nationalgetränk Brandy Sour.
(A/B 6) Poseidonos Av., neben der Badeanstalt *tgl. 8-24 Uhr* €

Torten von Konditor Petek in Famagusta versüßen das Leben

Jetzt Restaurants und Szenelokale: alte Hafenspeicher in Limassol

Golden Barrel
Bucht-Taverne, exzellente Saucen. Lockere Atmosphäre.
(A 5) Coral Bay, Coral Bay Road zwischen Paphos und Kap Drepano, Tel. 26 62 17 90
tägl. 9-22 Uhr €€

Porto Latchi
Spitze: die Fischgerichte und der Live-Jazz am Abend.
(B 4) Strand von Lakki, am Horn der Akamas-Halbinsel
Tel. 26 32 15 30
tgl. ab 10 Uhr €€

NORDEN

Hier ist abends früher Schluss als im Süden, wochentags gegen 22 Uhr. Anders am Wochenende, wenn Bauchtänzerinnen und Musiker die Gäste unterhalten. Reservieren!

NIKOSIA (LEFKOŞA) UND UMGEBUNG

Kalem
Einfach, doch beliebt wegen der Meze und Kebab-Gerichte. Samstagabend Livemusik.
(c 2) Nuri Efendi Sok 23
Tel. 227 05 64 und (0090-533) 876 39 49 €

Saray Hotel
Restaurant und Bar auf der Dachterrasse. Man genießt das Essen und die Aussicht.
(d 3) Atatürk Meydany, P.K. 447
Tel. 228 31 15 *ab 8 Uhr* €€

Saricimeli
Sehr gut, große Auswahl an frisch zubereiteten Gerichten.
(d 2) Girne Av. 174
Tel. 227 37 82 €

KYRENIA (GIRNE) UND UMGEBUNG

Marti
Maritim dekoriert, abends stimmungsvoll beleuchtet. Große Auswahl, auch vegetarisch. Am Wochenende spielen türkische Musiker, auch Bauchtanz.
(G 2) Alter Hafen, Tel. 815 21 88, (0090-542) 852 00 34
tägl. 8-23 Uhr €€

Niazi's
Gegründet 1949 in Limassol, heute ein führendes Restaurant Nordzyperns. Zubereitung von Meze und Steaks auf einem Holzkohlegrill im Speiseraum .
(G 2) gegenüber Dome-Hotel
Tel. 815 21 60
tägl. 12-23 Uhr €€

Altinkaya
Hierher kommen Fischliebhaber. Im Sommer sitzt man auf der schattigen Terrasse mit Blick auf Strand und Meer, im Winter drinnen am Kaminfeuer.
(G 2) Alsancak, Landstraße Kyrenia/Girne-Lapta, ca. 8 km westl. von Kyrenia/Girne
Tel. 821 83 41
tägl. mittags u. abends €€

Huzur Agac
Meze, Fisch oder Kebab in Sichtweite der Abtei. Am Samstagabend Livemusik und Bauchtanz. Gäste aus Girne werden kostenlos vom Hotel abgeholt und zurückgefahren.
(H 3) Bellapais südöstlich von Kyrenia/Girne
Tel. 815 33 80 und 815 85 98
tgl. 10-23 Uhr €€€

FAMAGUSTA (GAZIMAGUSA) UND UMGEBUNG

Cyprus House
Im Stil der dreißiger Jahre gestaltet. Kenner loben die hausgemachten zyprischen Spezialitäten über alles.
(L 4) gegenüber dem Amtsgericht, Tel. 366 48 45
tägl., Tischvorbestellung €€

Eyva
Typische, bei den Einwohnern beliebte Dorftaverne. Man hat die Wahl zwischen Meze, Pasteten, Kebabs und Fisch.
(L 4) Yeni Bogazici an der Kreuzung nach Salamis
Tel. 378 82 35 und 378 87 99 €

Karsel
Die frischen Kräuter wachsen vor der Restaurant-Terrasse. Üppige Mezedes und gegrillter Fisch.
(L 3) Bogaz, Fischerdorf nordöstl. von Iskele, Tel. 371 24 69 €

GÜZELYURT (MORFOU)

Iskele
Benannt nach dem gleichnamigen Dorf im Osten Nordzyperns. Große Auswahl an Meze, Fleisch und Fisch. Am Wochenende auch Livemusik.
(E 3) im Zentrum, Tel. 714 20 99 und 714 19 06 €

The Soli Inn
Auch noch im abgelegenen Westzipfel Nordzyperns locken ein gutes Speiseangebot und die traditionelle Gastfreundschaft, wie diese Taverne beweist.
(D/E 3) Gemikonagi, nördlich von Lefke, Tel. 727 75 75 und 727 76 95 €

MERIAN | TIPP

FESTIVALS + FESTE

Kein Monat ohne Feier. Eine Auswahl der bedeutendsten und schönsten Veranstaltungen:

Norden

Internationales Frühlingskonzert
Anspruchsvolle, international besetzte Konzerte für Freunde klassischer Musik vor der grandiosen Kulisse der Abtei Bellapais.
(H 3) Bellapais
südl. von Kyrenia (Girne)
Anfang Mai

Internationales Musik-Festival Bellapais
Wiederum bietet die gotische Abtei den Rahmen als Treffpunkt namhafter Orchester und Interpreten.
(H 3) Bellapais
südl. von Kyrenia (Girne)
Ende Mai-Juni

Orangen-Festival
Einwöchiges Fest zu Ehren der Apfelsine mit bunten Umzügen, Konzerten und künstlerischen Darbietungen.
(E 3) Güzelyurt (Morfou)
Zweite Maihälfte

Internationales Festival Famagusta
Populäre Interpreten verschiedener Musikrichtungen kommen bei diesem über Nordzypern hinaus bekannten Musikereignis zusammen.
(L 4) Famagusta (Gazimagusa)
Ende Juni-Mitte Juli

LIVEMUSIK

NORDEN

The Harbour
Ensemble mehrerer Cafés, Restaurants und Clubs direkt am Wasser.
(G 2) Kyrenia (Girne)
alter Hafen, Tel. 815 22 11

LA Island Restaurant
Nach dem Strand-Dinner spielt die englische Tucker Finlayson Band unter anderem Jazz.
(F/G 2) Lapta, LA Holiday Center
Tel. 821 89 81

Med Cezir
Café, Bar, Restaurant mit Gitarrenmusik und Gesang, geschmackvoll eingerichtet.
(G 2) Kyrenia (Girne)
Kaskar Court, gegenüber Mavi Kordon Apartment
Tel. 815 95 25

SÜDEN

Blinkers
Hier feiern und amüsieren sich vor allem Zyprioten. Zu griechischer Musik wird getanzt, auch auf den Tischen.
(a 4) Andreas Avraamides 5
Nikosia (Lefkosia)
Tel. 22 35 15 50
tgl. 8-3.30 Uhr

Cosbar
Mittwochs Rock, donnerstags ruhige Stücke, freitags DJ-Mix, aber am Dienstag gibt's Livemusik, und zwar Jazz.
(d/e 4) Nikosia (Lefkosia)
Diogenous 6
Tel. 22 75 35 38

Lange Nächte und junges Volk in den Discos von Agia Napa

Kultursommer mit „Carmen" vor der Kulisse der Burg von Paphos

Enallax live
Die neuen Besitzer laden an mehreren Abenden der Woche Bands und Sänger ein. Meistens wird Rock gespielt.
(f 3/4) Nikosia, Athina 16-17
Tel. 22 43 01 21
Livemusik ab 20, Di-So 21-Uhr

Tommy's Pub
Riesiges Arsenal an Tischen und Stühlen, vor allem draußen. Spätabends Livemusik.
(L 5) Agia Napa
Archbishop Makarios Ave.
Tel. 23 72 13 09
geöffnet ab dem Vormittag

The Queen Vic
Hier kann man frühstücken, die Küche ist aber auch mittags und abends geöffnet. Gitarrenmusik und Gesang, Lieder der sechziger und achtziger Jahre.
(L 5) Agia Napa, Hafenplatz
Tel. 23 72 26 03

Luke Kelly Irish Pub
Die Bedienung und das Guinness vom Fass sind irisch, das Publikum und die Livemusik dagegen überwiegend international.
(L 5) Agia Napa
Agias Mavris 28
Tel. 23 72 14 37
geöffnet täglich 18-2 Uhr

Tropic
Etablierte Bar mit einladender Terrasse. Europäischer Musikmix, auch griechische Musik; freitags, samstags und sonntags tobt hier der Bär.
(I 5) Larnaka, Dhekelia Road
Tel. 24 64 43 41

Chesters Pub
Berühmt für sein dreitägiges Bierfest im Sommer mit viel Livemusik. Gute Küche.
(E 6/7) Limassol (Lemesos)
Amathus Ave. 194
Tel. 25 63 51 55
www.chesters-bar.com
tägl. 10-2 Uhr

Country Pub
Naturstein und Holz, stilvoll. Bevorzugt von Gruppen und Paaren. Freitags und samstags ruhige griechische Livemusik.
(E/F 6) Germasogeia bei Limassol (Lemesos)
Evangelou Georgeou 8
Tel. 25 32 26 04

NACHTCLUBS

NORDEN

Club Night Park
Sehr großer, but ausgeleuchteter Tanzclub mit bequemen Sitzzonen zum Verschnaufen.
(G 2) Kyrenia (Girne)
hinter dem Schloss
Tel. 815 22 38
jede Nacht
(nur im Sommer geöffnet)

Lions Garden
Riesiges Unterhaltungscenter in einem imposanten Gebäude: Hier trifft man sich im Restaurant, in der Kaffeebar, der Disco und zu Popkonzerten: Veralstaltungsort des jährlichen Musikfestivals.
(L 4) Famagusta (Gazimagusa)
Tel. 365 49 41

SÜDEN

Zoo
Toller Blick durch eine gewaltige Glasfront auf die Stadt. Im 4. Stock wird gegessen, im 3. zu griechischem und internationalem Pop getanzt.
(e 5/6) Nikosia (Lefkosia)
Stasinou Ave. 15
Tel. 22 45 88 11

Castle
Im Stil einer Burg. Drei Tanzsäle, große Außenfläche. Die internationalen DJs spielen Drum 'n' Bass, R & B, House und Garage.
(L 5) Agia Napa
Grigoris Afxentiou
Tel. 99 62 31 26
Mai-Sept. 1-5 Uhr

Inferno
Das Soundsystem ist neu, die Musik (Hits der siebziger und neunziger Jahre) gleich geblieben. Eine hauseigene „Regenmaschine" kühlt die erhitzten Gäste zwischendurch immer wieder ab.
(L 5) Agia Napa
Loucas Louca 9
Tel. 23 72 34 00

Prime Club
Großer Club mit exzellenten Sound- und Lichteffekten. Zum Tanzen (griech. u. int. Pop) mehrere Podien und eine Bühne.
(E 6/7/) Limassol (Lemesos)
Georgiou A
Tel. 25 32 64 64
nur freitags und samstags 22-4.30 Uhr

Loftclub
Diese Sommeranlage ist eine echte Alternative zu den vielen Indoor-Clubs. Besonders beliebt bei den Bewohnern der Stadt. Vor allem griechische Musik.
(A/B 6) Paphos
Archimidous 1
Tel. 77 77 77 42
Fr u. Sa 10.30-5 Uhr

SPIELCASINOS

NORDEN

Typisches Amüsement im Norden, vor allem Roulette, Poker und Black Jack. Größere Hotels bewerben ihre Casinos, u. a.:
(d 1) Nikosia (Lefkoşa)
Hotel City Royal
Kemal Asik Cad. 19
Tel. 228 76 21

(G 2) Kyrenia (Girne)
Dome Hotel
Kordonboyu Cad.
Tel. 815 32 25
Rocks Hotel
Kordonboyu Cad.
Tel. 815 57 12
Hotel Oscar
Hasan Esan Isik Sokak 14
Tel. 815 92 83

(G 2) Alsancak bei Kyrenia (Girne)
Hotel Denizkizi
Tel. 821 27 34

(L 4) Famagusta (Gazimagusa)
The Dee, European Hotel
Tel. 366 10 10

(L 4) Famagusta, Salamis
Casino Tel. 378 96 84

CAFÉS UND BARS

NORDEN

Café 34
Sehr populärer Treffpunkt mit Clubatmosphäre, junges Publikum. Abends wird auch getanzt.
(G 2) Kyrenia (Girne)
alter Hafen, Tel. 815 30 56

Arc
Im Sommer zieht es die Gäste vor allem an die Außenbar. Riesiger gepflegter Garten.
(G 2) Kyrenia (Girne)
Mustafa Cagatay 41
Tel. 815 97 87

Dükkan
Innen viel Kunst, ein Café auch für Familien. Lokales Publikum. Während die Eltern auf der Terrasse sitzen, können die Kinder schaukeln.
(G 2) Kyrenia (Girne)
Mete Adanir, Tel. 815 22 00

SÜDEN

Kala Kathoumena
Pflegt die Tradition der alten zyprischen Kaffeehäuser. Capuccino wird nicht serviert, aber griechischer Mokka.
(d 4) Nikosia (Lefkosia)
Nilokleous 21
Tel. 22 66 46 54
tägl. 11-22, Fr u. Sa bis 1 Uhr

The Brewery
Sehr beliebt sind die Tische dieses Pubs, die über einen eigenen Zapfhahn für Bier verfügen.
(I 5) Larnaka, Athinon Ave. 77
Tel. 77 77 24 44 *tägl. 9-2 Uhr*

Jasmin Inn
Cocktail-Bar mit einer gläsernen Eismaschine auf dem Dach. Durch ein transparentes Rohr kann man die Eisstücke nach unten rutschen sehen.
(L 5) Agia Napa
Dionysos Solomou
Tel. 23 72 17 31
tägl. 10-2 Uhr

Osterprozession vor der Kirche Agios Ioannis in Nikosia

Draught Microbrewery
Total im Trend: Das Bier ist selbst gebraut und der Schankraum am Wochenende extrem voll. Reservieren!
(E 6/7) Limassol (Lemesos)
Vasilissis (Lanitis
Carob Mill Complex)
Tel. 25 82 04 70
tägl. 18 Uhr, open end

Voodoo
Eine der wenigen Kneipen, wo Zyprioten zu griechischem Pop und zu griechischer Tanzmusik hingehen.
(A/B 6) Paphos, Agios Antonios
Tel. 99 42 81 43 *bis 2.30 Uhr*

MERIAN | TIPP

FESTIVALS + FESTE

Süden

Karneval
Ursprünglich zu Ehren des Dionysos. Höhepunkt der ausgelassenen Feiern in vielen Orten ist eine große Kostümparade am Faschingssonntag.
(E 6/7) Limassol (Lemesos)
Beginn 50 Tage vor dem orthodoxen Osterfest

Ostern
Bedeutendstes Fest des Jahres mit Prozessionen, Gottesdiensten und traditionellen Spielen.

Blumenfest
Zum „Anthestiria", das auf antike Feiern zur Wiedergeburt des Menschen zurückgeht, ziehen farbenfrohe Blumenkorsos durch die Städte. *Mai*

Kataklysmos
Feiern zum Übergang des Frühlings in die neue Jahreszeit mit Tänzen, Volksmusik, Bootsparaden und Feuerwerk in den Küstenstädten. *Pfingsten*

Kultursommer
Jährlich wechselnde Programme mit Musikkonzerten, Tanzaufführungen sowie antiken griechischen Komödien und Tragödien.
Hist. Theater von (D 6/7) Kourion u. (A/B 6) Paphos
Mitte Juni-Sept.

Kulturfestival
Einen ganzen Monat lang prägen Kunst und Kultur dieses Festivals die beiden Städte.
(I 4) Larnaka u. (E 6/7) Limassol (Lemesos) *Juli*

Weinfest
Mit Musik, Folklore und – natürlich – Wein vom Fass.
(E 6/7) Limassol (Lemesos)
September

MERIAN | TIPP

Ski laufen am zyprischen Götterberg

An den Hängen des fast 2000 Meter hohen Olympos kann man bei guten Schneeverhältnissen prächtig Ski laufen. Seit 2003 sorgen zudem drei Schneekanonen selbst dann für ausreichend Weiß, wenn es mit dem Schneefall mal nicht optimal klappen sollte. Die Saison beginnt Anfang Januar und endet Ende März. Der Berg Olympos ist 3 km vom Resort Troodos Hill, 12 km von Platres und etwa eine Fahrstunde von Limassol und Nikosia entfernt. Der 1947 von Zyprioten und Engländern gegründete Skiclub Zypern besitzt dort oben vier Skilifte. Zwei sind an der Nordseite des Berges installiert und 350 bzw. 500 Meter lang. Die zwei anderen Lifte – Länge je 150 Meter – befinden sich im „Sun Valley“ südlich des Berges.

Die CTO und das Fremdenverkehrsbüro Zypern in Frankfurt/Main haben die Broschüre „Skilaufen in Zypern“ herausgegeben. Weitere Informationen:
Cyprus Ski Club
P. O. Box 22185
CY 1518 Lefkosia (Nikosia)
Tel. 22 67 53 40
Fax 22 66 96 81
cyprus.ski.club@cytanet.com.cy, www.cyprusski.com
Skilifte in Betrieb: 9-16 Uhr
Erw. 12 CYP

STRÄNDE

NORDEN

Schöne Strände gibt es nahe den historischen Stätten Vouni (Bademliköy), Soloi (Soli) bei Lefke, Salamis und um Kyrenia (Girne). Paradiesisch geradezu ist der Golden Beach auf der Halbinsel Karpasia. Viele am Wasser gelegene Hotels haben ebenfalls gute Privatbadeplätze.

SÜDEN

Privatstrände von Hotels und Touristikunternehmen verfügen über gute Ausstattung. An den von der Cyprus Tourism Organisation (CTO) unterhaltenen öffentlichen Badestränden gibt es Umkleideräume, sanitäre Anlagen, Liegestühle, Ruhesessel, Sonnenschirme, Cafeteria, Bar und Restaurant.
CTO-Strände sind in
(B 6) Geroskipou Public Beach
3 km südöstl. des Hafens von Paphos
(E/F 6/7) Dasoudi Public Beach
5 km östlich von Limassol
(I 5) Larnaka Public Beach
10 km östlich des Zentrums

FUNSPORT AM WASSER

Sport und Spaß am Wasser: An allen größeren öffentlichen und privaten Stränden der Insel (im Norden vor allem um Girne und Famagusta) gibt es ein großes Angebot. Unter anderem Wasser-Ski, Jet-Ski, Windsurfing und Paragliding am Fallschirm.

Mit dem Mountainbike im Troodos-Gebirge: Sicht auf Pano Platres

Nach den Runden in der Bahn endlich der erste Ausritt

SEGELN

NORDEN

Der Hafen von Kyrenia (Girne) ist Zentrum für Ausflüge mit Motorbooten und Segelschiffen, die man auch mieten kann. In Famagusta (Gazimagusa) beginnen Segeltouren um die Halbinsel Karpasia.

SÜDEN

Zwei Marinas, fünf Häfen und zahlreiche Buchten bieten Schutz vor den vorherrschenden Westwinden. Charterfirmen für Motor- oder Segelyachten sind u. a.:
Lord Jim Yachting **Nikosia**
Tel. 22 35 59 99
und 22 62 34 47
Fax 22 35 72 86
lordjim@spidernet.com.cy
Navimed **Nikosia**
Tel. 22 59 10 22
und 22 33 89 50
Fax 22 59 12 03
Interyachting **Limassol**
Tel. 25 81 19 00
Fax 25 81 19 45
info@interyachting.com.cy
www.interyachting.com.cy
Sail Fascination Shipping
Limassol, Nikiforou Foka 27
Tel. 25 36 42 00
Fax 25 35 26 57

TAUCHEN

NORDEN

Man hat die Wahl zwischen 20 Tauchplätzen westlich und östlich von Kyrenia (Girne) und Tauchsafaris entlang der Küste. Auch Anfängerkurse und Schiffswrack-Erkundungen werden angeboten, u. a. von
(G 2) Amphora Diving **Alsancak**
Yavuz Cikarma Plaji, unterhalb des Friedensmonuments
mob. 00 90-542-851 49 24
Fax 228 28 41
info@amphoradiving.com
www.amphoradiving.com
(G 2) Kerynia (Girne) Diving Center
Kyrenia (Girne)
Tel. 822 34 30
(G 2) Santoria Village
Alsancak bei Kyrenia (Girne)
Tel. 822 34 30-3
Fax 823 44 29
(G 2) Scuba Cyprus
Kyrenia (Girne)
Tel. 815 56 01
Govsa@rorqual.cc.metu.edu.tr

SÜDEN

Tauchclubs und Tauchzentren gibt es in allen Städten und Resorts sowie in zahlreichen Hotels. Spezialgeschäfte verkaufen und vermieten Ausrüstungen an Besitzer von Tauchzertifikaten. Informationen:
Cyprus Federation of Underwater Activities (CFUA)
Nikosia (Lefkosia)
Tel. 22 75 46 47
Fax 22 75 52 46

GOLF

SÜDEN

Aphrodite Hills
Das 2002 eröffnete, 6230 Meter lange 18-Loch-Grün liegt nahe dem Strand der Aphrodite. Einmal jährlich kommen Prominente aus England.
(B/C 6) Kouklia bei Paphos
Tel. 26 81 87 00
Fax 26 81 87 01, reservations@aphroditehillsgolf.com.cy
www.aphroditehills.com/golf
59 CYP

The Secret Valley Golf Club
18-Loch-Platz (6158 m) in einem von Bäumen und Felsen gesäumten Tal. Clubhaus, Bar und Restaurant.
(C 6) Am Felsen Petra tou Romiou, 18 km östl. v. Paphos
Tel. 26 64 27 74-5
Fax 26 64 27 76
www.cyprusgolf.com
High season 26 CYP
Low season 26 CYP, ab 16 J.

Tsada Golf Club
Erster Rasenplatz Zyperns (1994) mit 18-Löchern, Gesamtlänge 6050 m. Clubhaus mit Tennisplatz und Schwimmbecken.
(B 5) Tsada, 20 Min. außerh. v. Paphos,
Tel. 26 64 27 74-5, Fax 26 64 27 76
www.cyprusgolf.com
26 CYP, ab 16 J.
Weitere Informationen:
Cyprus Golf Resorts Paphos
Tel. 26 64 27 74-5, Fax 26 64 27 76
golfers2@cytanet.com.cy
www.cyprusgolf.com
Cyprus Golf Federation Paphos
Tel. 26 64 29 78 und 99 67 56 68
Fax 26 64 27 76
cfg@cyprusgolffed.org
www.cyprusgolffed.org

Schöne bunte Unterwasserwelt: hinunter zu Fischen und Pflanzen

REITEN

NORDEN

In Kyrenia (Girne) und Famagusta (Gazimagusa) gibt es mehrere Reitclubs mit Reitunterricht und z. T. auch Ausritten, zum Beispiel:

Tunac Riding Club
Reitkurse (42 Pferde), geführte Touren mit Picknick.
(G 2) Karaoglanoglu bei Girne
Tel. 822 23 93

SÜDEN

Die Reitzentren verteilen sich über den gesamten Süden. Nähere Auskünfte:
The Cyprus Equestrian Federation
Nikosia (Lefkosia)
Tel. 99 67 33 33, Fax 22 33 88 66
notorious.equ@cytanet.com.cy

MOUNTAINBIKING

SÜDEN

In allen Städten und Urlaubsorten können Fahrräder ausgeliehen werden (ca. 3-10 CYP Leihgebühr pro Tag). Der Radfahr-Verband „Cyprus Cycling Federation" und Clubs wie der „Limassol Cycling Club" organisieren zahlreiche Veranstaltungen und Wettbewerbe, an denen jedermann teilnehmen kann.
The Cyprus Cycling Federation Nikosia
Tel. 22 66 33 44
Fax 22 66 11 50
The Limassol Cycling Club Limassol
Tel. 25 58 59 80

BERGWANDERN

NORDEN

Touren im bergigen Hinterland von Kyrenia (Girne) bieten Bergwanderungsveranstalter an. Eine spezielle Tour, organisiert von der Mountain Climbing Sport Association, findet jeden Sonntag zwischen Oktober und Ende April und zweimal monatlich zwischen Mai und Ende September statt. Aufbruch zu der drei- bis vierstündigen Wanderung ist in der Regel um 7.30 Uhr morgens.
Mountain Climbing Sport Association
Kyrenia (Girne)
mob. 00 90-542-851 18 00
mustafacemal_ce@hotmail.com

SÜDEN

Die Tourismusorganisation CTO hat mit der Forstabteilung im Landwirtschaftsministerium den handlichen grünen Faltprospekt „Die Wanderwege Zyperns" mit Texten, Fotos und Gebietskarten zu den schönsten Wandergegenden der Insel herausgegeben. Vorgestellt werden jeweils mehrere Rundwege mit Routenskizze, Hinweisen auf Beschaffenheit der Wege, Länge, Höhenlagen Dauer und Besonderheiten. Es sind Touren in folgenden Regionen:

1. Halbinsel Akamas
2. Pitsylia im Osten des Troodos-Gebirges
3. Nationalpark von Athalassa südöstlich von Nikosia
4. National-Waldpark Troodos
5. Wald von Machairas
6. Kavo Gkreko (Kap Greco)
7. Stavros tis Psokas im Wald von Paphos
8. Kyparissia-Germasogeia Dam bei Limassol

Die Karte ist erhältlich bei der Fremdenverkehrszentrale in Frankfurt sowie in allen CTO-Büros auf Zypern.

MERIAN | TIPP

Eseleien

Der „Verein der Freunde des zypriotischen Esels" schätzt, dass es allein im griechisch-zyprischen Teil der Insel noch mehr als 2200 Esel gibt. Mehr als 125 dieser klassischen Lastenträger jeden Alters versorgt die 1994 gegründete Organisation auch tiermedizinisch im malerischen Dorf Vouni im Troodos-Hügelland, wo es Ställe und Weiden für die Tiere gibt. Nach Voranmeldung im Besucherzentrum darf man die Esel in der Umgebung ausführen.
(D 5) Vouni
Tel. 25 94 41 51 u. 25 94 54 88
www.donkeycyprus.com
Mo-Sa 10-16 Uhr
Erw. u. Ki ab 12 J. 1 CYP

FREIZEITPARKS

Dinosaurier-Park
Geräuschvolle und bewegliche Nachbildungen der riesigen Kreaturen.
(L 5) Agia Napa, Leoforos Nissi (hinter McDonald's)
Tel. 22 84 32 23 und 99 45 85 93 *Juni-Nov. tägl. 11-13 u. 16-24 Uhr*

Island cove
Amerikanischer Minigolfplatz in wunderschöner Landschaft. Abenteuer-Spielplatz.
(A/B 6) Paphos, Poseidonos Ave., Nähe Hotel Cypria Maris und Ledra Beach,
Tel. 26 99 11 77
tägl., Winter 9.30-18, Sommer 10-23 Uhr

WASSERPARKS

Protaras Fun Park
Abwechslungsreicher Wasserpark, in dem Familien einen ganzen Tag verbringen können.
(L 5) Paralimni/Protaras beim Hotel Paschalia
Tel. 99 66 90 22
Apr.-Okt., tägl. 10-18 Uhr

Water World
Themen der griechischen Mythologie: Minotaurus-Labyrinth, Trojanisches Pferd etc.
(L 5) Agia Napa
Agia-Thekla-Str.
(Nähe Agia-Napa-Tor)
Tel. 23 72 44 44
suzanne@waterworldpark.com
www.waterworldpark.com
März-Mitte Nov. tägl. 10-18 Uhr, Erw. 14 CYP, Ki. bis 12 J. 7 CYP

Fasouri Water mania
Zu den Attraktionen gehört u. a. eine sechsspurige Wasserrutsche, auf der man in Schlauchbooten herunterschlittert.
(E 7) Limassol, zwischen New Port und Paphos via Trahoni
Tel. 25 71 42 35, fasouriwater mania@cytanet.com.cy
www.watermania-fasouri.com
Mai-Okt. tägl. 10-18 Uhr, Erw. 12,50 CYP, Ki. bis 12 J. 6,50 CYP

Wet'n Wild
Wie der Name schon sagt: Die Wasserrutschen sind sehr schnell und auch die Wasserspiele eine Herausforderung.
(F 6) A1 Richtung Limassol Ausfahrt Moutagiaka, Kreuz 23
Tel. 25 31 80 00
wetnwild@spidernet.com.cy
www.wetnwild.com.cy
Apr.-Okt. tägl. 10-18 Uhr
Erw. 9 CYP, Ki. 7 CYP

Aphrodite
Vielseitige Vergnügungsanlage, u. a. ein rutschiger Vulkanberg mit Licht- und Toneffekten. Man kann versuchen, ihn zu besteigen.
(B 6) Geroskipou, Riccos-Strand bei Paphos, Poseidonos Ave.
Tel. 99 52 72 11
Apr.-Okt. tägl. 10-18 Uhr
Erw. 13 CYP, Ki. 7 CYP

AQUARIEN

Ozean Aquarium
Rund 400 Fischarten bieten eine riesige Vielfalt an Größe, Formen und Farben. Auch zu sehen: Krokodile, Schildkröten und Pinguine.
(L 5) Paralimni bei Agia Napa Protaras Ave., Tel. 23 74 11 11
Ganzj. tägl. 10-18.30 Uhr, Erw. 6 CYP, Ki. 4 CYP

Paphos Aquarium
Klein, aber fein. Man hat das Gefühl, sich unter Wasser, mitten zwischen den maritimen Lebewesen zu bewegen. Highlight: einige Alligatoren.
(A/B 6) Paphos, Artemidos 1
Tel. 26 95 39 20
Ganzj., tägl. 9-19 Uhr (Winter), 9-20 Uhr (Sommer)
Erw. 3,50 CYP, Ki. 2 CYP

TIERPARKS

Mazotos Camel Park
Hier erfährt man alles über das Leben der Kamele. Eine Schwimm-, eine Spielecke und eine Arche Noah mit Vogelpaaren gibt es auch.
(H 6) Mazotos, ca. 15 Min. vom Flughafen Larnaka
Tel. 24 99 12 43, info@camelpark.com, www.camel-park.com
Ganzj. tägl. 8-18 Uhr, Eintr. frei, Kamelritt 2-10 CYP, Fütterung 0,50 CYP

Ostrich Wonderland
Große Straußenfarm mit Freizeitpark. Im Imbiss gibt's die Strauße als Burger.
(F 4) Agios Ioannis Malountas 25 Minuten auf der E 903 von Nikosia nach Palaichori
Tel. 22 99 10 08-9
ostrich@logos.cy.net
Mai-Okt. tägl. 9-19 Uhr, Nov.-Apr. 9-17 Uhr, Weihn. Neuj. u. Ostersonntag geschl.

Bird Park
Vogelpark u.a. mit Straußen, Flamingos, Papageien und Adlern.
(A 5) Paphos, Hauptstraße zwischen Coral Bay und Agios Georgios Pegeias
Tel. 26 81 38 52
www.pafosbirdpark.com
Mo-So Okt.-März 9-17 Uhr
Apr.-Sept. 9-20 Uhr

Reptilienhaus
Auf zwei Ebenen sind die Reptilien kindergerecht zu bestaunen: von Skorpionen über Echsen und Schlangen bis zu Krokodilen.
(E 6/7/ Limassol, Kreisel am Alten Hafen, Tel. (25) 37 27 79
Tägl., Erw. 1,50 CYP, Ki. 1 CYP

U-BOOT

Sadko Tourist Submarine
Das kleine, einzige Touristen-Tauchboot weit und breit fährt vor die Küste von Larnaka, wo man das Schiffswrack „Zenobia" sehen kann.
(I 5) Basis: Larnaka Marina
Tel. 24 63 76 67
www.sadkosub.com

Wo man nicht stranden kann: Water World in Agia Napa

SCHMUCK

NORDEN

(G 2) Kyrenia (Girne)
Erdal
Klassischer und moderner Gold- und Silberschmuck und Kunstgegenstände orientalischer Art.
Atatürk Caddesi 13

SÜDEN

Nikosia (Lefkosia)
Nikos Ioannou
Hat den Ruf, Zyperns führender Juwelier zu sein. Seine Entwürfe verbinden die klassische griechische Epoche mit der Neuzeit.
(d 4/5) Onasagorou 79
(c/d 6) Arch. Makarios Ave. 33 und (c/d 6) Hotel Hilton

(E 6/7) Limassol (Lemesos)
Precious Metal Gallery
International ausgezeichnete Gold- und Silberarbeiten von Panikos Michaelides.
Agora Anexartisias, Geschäft 17

Tonia Theodorou
Zeitlose, einzigartige Schmuckstücke unter dem Leitmotiv Bewegung und Wandel.
Agiou Andreou 177, Agora

HANDWERK

NORDEN

(G 2) Kyrenia (Girne)
Lenna Levant
Natur-Design: wunderschöne Korbmöbel, Beistelltischchen und Zimmerlampen aus Bambus sowie kleine Kunstgegenstände.
Lemar Karaoglanoglu

Tourquoise
Ansprechend gestalteter Souvenir- und Geschenkladen mit Möbeln, Teppichen, Kupferkaraffen, Tischdeckchen, Vasen etc.
(G 2) Girne, an der Straße nach Bellapais

SÜDEN

Chrysaliniotissa Craft Center
Außergewöhnliche und moderne Formen und Ideen entwickeln die jungen Glasbläser, Kunstschmiede, Mosaikleger, Juweliere und Modeschmuck-Designer in diesem restaurierten Handwerker-Hof.
(f 3) Dimonaktos 2, neben der Chrysaliniotissa-Kirche

Antikes und nicht ganz so Altes neben der Selimiye-Moschee

Handicraft Center
Außer Tischdecken, Läufern und Holztruhen auch Töpferwaren, Flechtarbeiten usw. aus den Werkstätten freier Kunsthandwerker.
Werkstätten und Verkauf:
(c/d 6) Nikosia (Stadtrand) Athalassa Av. 186
Nur Verkauf:
(d 5) Nikosia, Laiki Gitonia
(I 5) Larnaka, Themidos 25
(E 6/7) Limassol, Kosma Lysioti 6, (A/B 6) Paphos, Arch. Makariou 123

MODE UND ACCESSOIRES

NORDEN

Nikosia (Lefkoşa)
Bayramoglu
Modische Schuhe für schlanke Damenfüße, dazu passende Handtaschen.
(b/c 1) Osman Pasa St. Latif Apt. 74

SÜDEN

Kostas Theodorou
Handgefertigte Handtaschen und Geldbörsen bester Qualität.
(c/d 6) Nikosia, Arch. Makarios Ave. 44 A (I 5) Larnaka Ermou 36 (E 6/7) Limassol Anexartisias Str. 129-131 u. Athinon Str. 35 (A/B 6) Paphos, Arch Makarios Ave. 92

Timinis
Der Modeladen für Männer. Designer-Anzüge und Hemden, die nicht passen, werden rasch nach Maß geändert.
(d 6) Nikosia, Grigoriou Xenopoulou 5A; (A/B 6) Paphos Gladstonos 1-2

DELIKATESSEN

NORDEN

(G 2) Kyrenia (Girne)
Bind
Schokolade und Pralinen, lose und hübsch verpackt.
Ziya Rizki 44

SÜDEN

(b 6) Nikosia (Lefkosia)
Pralina
Kuchen, Pasteten und Pralinen von Perikles Roussounides.
Kennedy Ave. 31

(I 5) Larnaka
Theodorou Bros
Klein und fein: erstklassiger Honig, geräuchertes Fleisch und zyprischer Wein.
Ephestou 1

Top Nuts
Lokale Spezialitäten wie Nüsse und Spirituosen.
Nikolaou Rossou 3

(A/B 6) Paphos
Decoy
Süße anatolische Köstlichkeiten, zum Beispiel aus Syrien. Wer auf Nummer sicher gehen will, findet hier auch Schweizer Schokolade.
Tepeleniou 5, Geschäft 7

Die schönsten Stickereien machen die Frauen von Lefkara

Wein

Mit Maratheftiko in die Spitzenklasse
Schon vor mehr als 4000 Jahren wurden auf Zypern Weine gekeltert, und so gehört die Insel zu den ältesten Anbaugebieten der Welt. Im 13. und 14. Jahrhundert zählten die zypriotischen Kreszenzen sogar zu den besten Europas, doch dann spielten sie lange Zeit keine Rolle mehr. Aber in den achtziger Jahren begannen die zyprischen Winzer, ihre Weine zu verbessern. Die Rebstöcke wachsen an den südlichen und südwestlichen Hängen des Troodos-Gebirges. Da die Reblaus, der katastrophalste Weinschädling, hier nicht vorkommt, sind die Rebstöcke ungepfropft, die Trauben reifen also an wurzelechten Stöcken. Bei der Kultivierung zu Spitzenweinen sind die einheimischen, nur hier wachsenden Sorten besonders interessant. An erster Stelle steht der hervorragende rote Maratheftiko, häufigere Gewächse sind Mavro und Ophtalmo (rot) und Xynisteri und Promara (weiß). Neben den Großkellereien KEO, ETKO, SODAP und LOEL in Limassol stehen für Spitzenweine jedoch vor allem kleine Kellereien wie

Fikardos Winery (B 5) Mesogi
Tel. 26 94 98 14, Fax 26 93 85 17
fikardos@logos.cy.net
www.fikardoswines.com.cy

Linos Winery (D 5) Omodos
Tel. 25 42 27 00, Fax 25 42 13 54

Amforeas Winery (C 5) Statos-Ayios Fotios, Tel. 26 93 21 23
Fax 26 22 06 28
www.koliosvineyards.com

Vlassides Winery (D 5) Koilani
Tel. 25 35 29 97, Fax 25 32 05 13
Importeur auch für Deutschland

Paphos-Weine
Stettbrunnenweg 55
CH-4132 Muttens, Schweiz
Tel. (00 41) 61-461 71 63
www.paphosweine.ch

MERIAN | RÜCKBLICK

Flüchtlinge im eigenen Land

Seit türkisches Militär 1974 ein Drittel Zyperns besetzte, ist die Insel geteilt

Die griechische Militärjunta initiiert am **15. Juli 1974** einen Putsch gegen die demokratisch gewählte Regierung Zyperns. Staatspräsident **Makarios** flieht nach London. Der griechische General **Dimitrios Ioannidis** setzt den rechtsextremen **Nikos Sampson** als Machthaber in Nikosia ein. Sein Auftrag ist die „Enosis“: die Mittelmeerinsel mit dem griechischen „Mutterland“ zu vereinen. Makarios beschuldigt am **19. Juli** vor dem UNO-Sicherheitsrat die **griechische Militärdiktatur** der Aggression. In der **Türkei** beruft Premierminister **Bülent Ecevit** sich darauf, dass sein Land – neben Großbritannien und Griechenland – zu den Schutzmächten gehört, die **seit 1960** die Unabhängigkeit Zyperns garantieren. Um die Zyperntürken vor ihrer Vernichtung durch griechische Extremisten zu schützen, gibt Ecevit den Befehl zur „Operation Attila“. Am **20. Juli 1974** landen die ersten türkischen Fallschirmspringer auf der Insel, türkische Seestreitkräfte landen wenige Kilometer westlich der nordzyprischen **Hafenstadt Kyrenia.** Die dort lebenden Zyperngriechen fliehen in ein UNO-Lager, das auf halbem Weg nach Nikosia liegt. Die von Athen aus befehligte griechische Nationalgarde auf Zypern ist schlecht bewaffnet. Ein ungleicher Kampf entbrennt. Dennoch verlieren die Angreifer eine Reihe ihrer tief fliegenden Flugzeuge durch Maschinengewehr-Feuer. Tausende Menschen sterben durch Bombardements und Bodenkämpfe, andere werden zu Flüchtlingen im eigenen Land: Mehr als **160 000 Zyperngriechen** retten sich in den Süden, etwa **40 000** Zyperntürken fliehen in den Norden. Immer wieder kommt es zu Vergewaltigungen, Folterungen, willkürlichen Erschießungen. Als die **Vereinten Nationen** schließlich einen Waffenstillstand vermitteln, kontrollieren die türkischen Truppen ein Drittel der Insel. Im Landesinneren verläuft von Westen nach Osten eine **„Green Line“** – auch mitten durch die Hauptstadt Nikosia. Für das griechische Obristenregime bedeutet die türkische Militärintervention das Ende der Gewaltherrschaft in Athen. Dafür verliert Zypern einen großen Teil seiner Wirtschaftskraft. Vor allem aber sind die zyprischen Volksgruppen auf Jahrzehnte hinaus durch eine zunächst undurchdringliche, bis heute bewachte Grenze ethnisch getrennt.

Hals über Kopf vor den Türken geflüchtet: Griechen aus Famagusta 1974 in einem Zeltlager

Erzbischof Makarios, auch Staatsoberhaupt, im Jahr 1964. Damals war er noch Anhänger der Enosis, der Vereinigung mit

Von der Jungsteinzeit zum Hellenismus

8200-3900 v. Chr. Steinzeitbauern besiedeln die Insel.
3900-2500 v. Chr. Fruchtbarkeitskult in Westzypern.
2500-1050 v. Chr. Der Kupferreichtum lockt griechische Achäer an. Stadtkönigreiche.
1050-750 v. Chr. Zehn blühende Stadtkönigreiche. Phönizier siedeln in Kition.
750-325 v. Chr. Die Königreiche entrichten Tribut an Assyrien, Ägypten und Persien. Evagoras von Salamis vereinigt Zypern und baut es zu einem Zentrum der griechischen Welt aus. Alexander der Große macht es zum Teil seines Reichs.
325-58 v. Chr. Die Insel fällt an das hellenistische Ägypten. Die Ptolemäer lösen die Stadtkönigreiche auf und erklären Paphos zur Hauptstadt.

Vom Römischen Reich zur britischen Kronkolonie

58 v. Chr.-330 n. Chr. Paulus bekehrt den römischen Prokonsul: Zypern wird das erste christlich regierte Land.
330-1191 Zypern gehört zum Oströmischen Reich. Erdbeben zerstören die großen Städte.
1191-1489 Richard Löwenherz übernimmt die Insel. Ein Jahr später verkauft er sie für 100 000 Dinare an die Templer, die sie zum gleichen Preis dem abgesetzten König Jerusalems überlassen. Die katholische Kirche ersetzt die griechisch-orthodoxe.
1489-1571 Königin Caterina Cornaro gibt Zypern an Venedig.
1571-1878 Osmanische Truppen unter Lala Mustafa Pascha erobern Lefkosia und Ammochostos und setzen die griechisch-orthodoxe Kirche wieder ein.
1878-1960 Zunächst verwaltet, dann annektiert Großbritannien die Insel und erhebt sie 1925 zur Kronkolonie. 1955 beginnt die Widerstandsgruppe EOKA ihren bewaffneten Kampf für den Anschluss Zyperns an Griechenland (Enosis).

Von der Staatsgründung zum EU-Beitritt

1960 Zypern wird Republik, Erzbischof Makarios III. ihr erster Präsident. Großbritannien sichert sich (bis heute) die Hoheit über die Militärstützpunkte Dekeleia und Akrotiri-Episkopi.
1963/64 Aufgrund blutiger Kämpfe zwischen Zyperngriechen und -türken entsenden die UN eine 1228 Mann starke Friedenstruppe.
1974 Putsch und türkische Invasion (s. Kasten links).
1983 Proklamierung der „Türkischen Republik Nordzypern“.
1996-1998 Auseinandersetzungen in der UN-Pufferzone. Auf internationalen Druck hin verzichtet die Republik Zypern auf die Stationierung russischer Raketen.
2002 Nach Jahrzehnten erfolgloser Bemühungen verhandeln Präsident Klerides und Rauf Denktasch direkt.
2003 Öffnung der Grenze. UN-Generalsekretär Annan legt die dritte Fassung eines Lösungsvorschlags vor.
2004 65% der Zyperntürken befürworten die Gründung einer „Vereinigten Republik Zypern“, die zyprisch-griechische Seite aber lehnt den Annan-Plan ab (76%). Am 1. Mai wird Zypern (formal auch der Norden) EU-Vollmitglied.
2005 In Nordzypern gewinnt

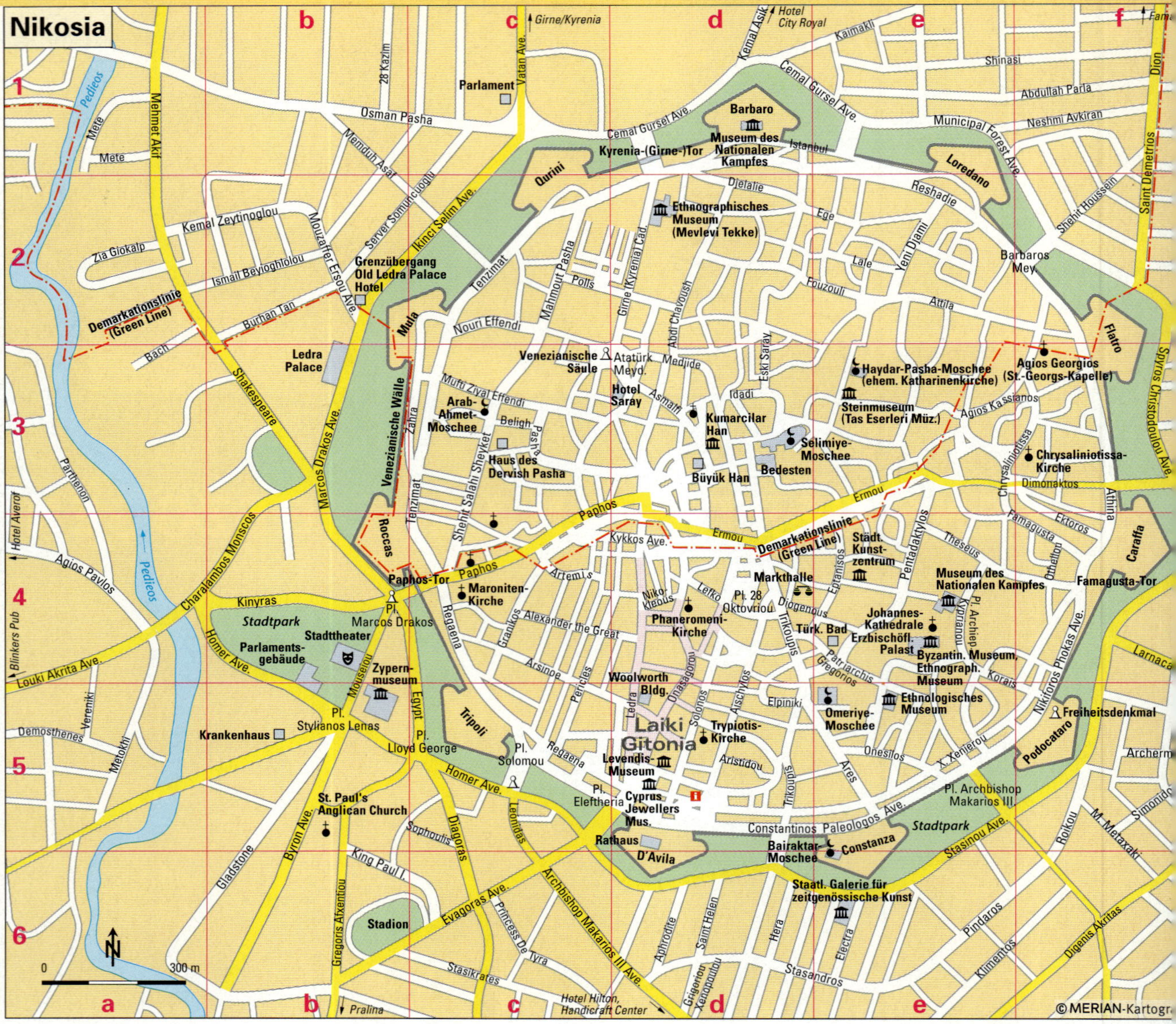

Drei Namen, drei Gesichter

Nikosia verdankt sein Stadtbild vielen Herren

Dieser Stadt ist ein Name einfach zu wenig. Sie hat gleich drei: Die Griechen nennen sie Lefkosia, bei den Türken heißt sie Lefkoşa, Nikosia oder Nicosia setzte sich unter den Franken durch.
Erstmals besiedelt wurde das heutige Areal der Stadt schon im 6. Jahrtausend v. Chr. Sieht man von den antiken, nicht mehr gebräuchlichen Namen Lidis und Ledra ab, dann hat Lefkosia – benannt nach dem Ptolomäer Lefkos, der die Stadt im 3. Jh. v. Chr. ausbaute – die älteste Tradition. Politische Bedeutung gewann Lefkosia im 10. Jh., als die byzantinischen Herrscher aus Furcht vor den wiederkehrenden Einfällen der Araber von der Küste in das als sicher geltende Landesinnere flüchteten und ihren Regierungssitz von Constantia (Salamis) hierher verlegten.
Zur Zeit der fränkischen Herrschaft, ab 1192, erlebte die Stadt ihre Blütezeit. Fast 300 Jahre lang blieben die Lusignans aus dem französischen Poitou, die Zypern zum Königreich erhoben, auf der Insel. Es entstanden Paläste, Gärten und Kirchen im Stil von Gotik und Renaissance.
Im 15. Jh. übernahmen die Venezianer die Hoheit über Zypern, blieben zwar nicht sehr lange, hinterließen aber ein bis heute erhaltenes Meisterwerk der damals modernen Fortifikationsarchitektur: den engen, kreisrunden Festungswall mit elf Bastionen und drei Toren. Dieser Verteidigungsring hielt 1570, nur ein Jahr nach seiner Fertigstellung, immerhin sieben Wochen lang der Belagerung durch die osmanischen Eroberer Zyperns stand. Der Festungswall umgibt schützend die gesamte Altstadt und kann ihre Bewohner dennoch weder einen noch vereinigen, solange die durch die Altstadt verlaufende Green Line den griechischen Süden vom türkischen Norden trennt. Die Stadt mit den drei Namen hat auch drei Gesichter: das nüchterne, geschäftige außerhalb der Mauern, das malerische innerhalb des Walls und das ursprüngliche im türkischen Norden. Über alle Teile Nikosias hat man den besten Überblick vom Observatorium auf dem Dach des Woolworth-Hochhauses (Shakola Tower) im Süden und vom Dachgarten des Hotels Saray im Norden.

Sabine Mayer

MERIAN-Straßenkarte

ZYPERN

„Roman Hotel" in Kato Paphos: nahe bei den Stätten des alten Rom

KYRENIA (GIRNE) UND UMGEBUNG

Hotel Bellapais Gardens
Eine der stilvollsten und exklusivsten Anlagen in Nordzypern mit Bungalows und Apartments unterhalb der Abtei Bellapais.
(H 3) Crusader Road Bellapais
Tel. 815 60 66
Fax 815 76 67
info@bellapaisgardens.com
www.bellapaisgardens.com
€€€

Celebrity
Strandhotel mit 48 stilvollen Zimmern. In der Nähe Wassersportmöglichkeiten.
(F/G 2) Lapta
ca. 15 km westlich von Girne
Tel. 821 87 51
www.celebrityhotelonline.com/CelebrityHotel.htm €

Courtyard Inn
Anlage im Kolonialstil mit vier Bungalows, vier Zimmern und Gartenpool, Restaurant mit indischer u. europäischer Küche.
(H 2) Karakum
2 km außerhalb von Girne nahe der Straße nach Bellapais
Tel./Fax 815 33 43
und (0090-533) 860 68 15
enquiries@courtyard-inn-cyprus.com, www.courtyard-inn-cyprus.com €

FAMAGUSTA (GAZIMAGUSA) UND UMGEBUNG

Bilfer Palm Beach
108 geschmackvoll eingerichtete Zimmer und Suiten. Wenige Schritte zum Strand, Liegen und Sonnenschirme für jeden Gast.
(L 4) Deve Limany
Tel. 366 20 00-4
Fax 366 20 02
palmbeach@bilferhotel.com
www.bilferhotel.com €€€

Portofino
Neu und nahe am alten Hafen, einfache, anständige Zimmer.
(L 4) Fevzi Çakmak Bulvari 9
Tel. 366 43 92-93
Fax 366 29 49
reservation@portofinohotel-cyprus.com, www.portofinohotel-cyprus.com €

The Dee European
44 Zimmer, zwei Sommer- und zwei Winter-Restaurants.
(L 4) Mustafa Kemal Bulvari
Tel. 366 12 22
Fax 366 10 32
deeeuropean@northcyprus.net €

Theresa
Von den 36 Zimmern Zugang zum Hotelstrand. Im Restaurant täglich frischer Fisch.
(L 3) Iskele, Yeni Erenkoy
Tel. 374 42 66-67
Fax 374 40 09
theresahotel@hotmail.com €

GÜZELYURT (MORFOU)

Lefke Gardens
Zitronen- und Orangenbäume vor den zyprisch eingerichteten Zimmern. Pool im Innenhof. Golfplatz 5 km entfernt.
(D 4) Lefke, südw. v. Güzelyurt
Tel. 728 82 23-8
Fax 728 82 22
lefkegardens@veezy.com €

MERIAN | HOTEL-LEGENDEN

König Faruk und der Brandy sour

Der Barkeeper des Forest Park Hotels erfand das zyprische Nationalgetränk

Pano Platres liegt am 1200 Meter hohen Südhang des Troodos-Gebirges, umgeben von Kiefernwäldern, Wasserfällen und Klöstern. Wenn Gäste des Luftkurortes auf der Terrasse des „Forest Park Hotel" sitzen, ist nur das Zwitschern der Vögel zu hören. Kommt aber Junior-Chef Georg Skyrianides zu ihnen und legt das Gästebuch vor sich auf den Holztisch, ist es vorbei mit der Ruhe. Immer wird er gebeten, von früher zu erzählen.

Skyrianides' Großvater, Mitbesitzer des „Ledra Palace", des heute von UN-Soldaten bewohnten Hotels am Grenzübergang in Nikosia, ließ das „Forest Park" als erstes Hotel nach internationalem Standard bauen. 1936 wurde es eröffnet. Zu den ersten Gästen gehörte die Schriftstellerin **Daphne du Maurier.** Sie schrieb hier einen Teil ihres Romans „Rebecca". Viele Prominente logierten im Forest Park: Schriftsteller, Schauspieler, Scheichs, Erzbischöfe und Politiker, darunter **Willy Brandt, Erich Honecker und Indira Gandhi,** der Georg Skyrianides 1983 als kleiner Junge ein Blumenbouquet überreichen musste.

Weit vor seiner Zeit lag dagegen eine Begebenheit, der Zypern sein Nationalgetränk verdankt. „Meine Großeltern hatten damals ein bekanntes Hotel in Ägypten, das ‚Victoria'. Dort lernten sie den ägyptischen **König Faruk** kennen und luden ihn ins ‚Forest Park' ein.

Der König kam im Sommer 1946. Als er um ein erfrischendes Getränk bat, kreierte der Barkeeper unserer Olympus Bar den weltweit ersten **Brandy sour.** Er sah aus wie Eistee und schmeckte offensichtlich nicht nach Alkohol. König Faruk hat ihn jedenfalls gern getrunken." Auch der heutige Barkeeper bereitet noch den Brandy sour zu. Besonders erfrischt der königliche Longdrink nach einem Tennismatch auf dem hauseigenen Platz, nach Fitness, Innen- und Außenpool, Jacuzzi, Sauna und Massage.

Ins Gebirgshotel kommen auch hohe Gäste aus Nahost

Durch Erweiterungsbauten, Renovierungen und Extras ist das „Forest Park Hotel" nur komfortabler geworden. Es gibt Schweizer Chalets nachempfundene Suiten, Mietwagen für Ausflüge und koscher zubereitete Speisen. Doch erhalten hat sich das Hotel den Charme der frühen Jahre – mit Tanzsaal, Deckenlüstern, plüschigem Mobiliar und knarzenden Holzdielen.

Forest Park Hotel (D 5) Pano Platres, Tel. 25 42 17 51
Fax 25 42 18 75, forest@cytanet.com.cy, www.forestparkhotel.com.cy, 137 Zimmer, Suiten, Apartments €€€

en Rummel

columbia@columbia-hotels.com
www.columbia-hotels.com
€€€€

Hawaii
Architektur, Einrichtung, Lage und Aussicht – alles vom Feinsten. Luxuriöser als in diesem Grand Hotel mit 255 Zimmern kann man kaum übernachten.
(F 6) Amathous
11 km östlich von Limassol
Tel. 25 63 43 33
Fax 25 63 45 88
hawaii@hawaii.com.cy
www.hawaiihotel.com €€€€

PAPHOS

Anassa
Unmittelbar am Meer gelegenes Luxushotel mit 183 Zimmern und Suiten, Pools, Fitness, Spa. Hauseigenes Wassersportzentrum, Haus-Yacht und sogar eine kleine Kirche.
(A/B 4) Neo Chorio
ca. 10 km westlich von Polis
Tel. 26 88 80 00
Fax 26 32 29 00
anassa@thanoshotels.com
www.thanoshotels.com
€€€€

Apollo
Nicht weit von Ortszentrum und Meer, passt das Natursteinhaus gut in die Umgebung. Familiäre Atmosphäre, 32 Zimmer.
(A/B 6) Kato Paphos
Tel. 26 93 39 09
Fax 26 93 71 74
contact@apollo-hotel-cyprus.com
www.apollo-hotel-cyprus.com
€€

Roman
Baulich ein Mix aus altem Rom und mittelalterlicher Burg, zehn Gehminuten entfernt von Strand und Hafen. 87 Zimmer, Wellnessbereich.
(A/B 6) Kato Paphos
Tel. 26 94 54 11
Fax 26 94 68 34
romanhtl@cytanet.com.cy
www.romanhotel.com.cy €€

NORDEN

Die meisten Hotels befinden sich in der Region um Kyrenia (Girne). Im Winter gibt es erhebliche Rabatte. Wer sicher gehen will, dass er in einem rechtmäßig erworbenen bzw. gebauten Haus im besetzen Norden übernachtet, sollte sich erkundigen. Die CTO in Süd-Nikosia arbeitet an einer Liste.
Northern Cyprus Hoteliers Association
Kordonboyu Kordon Apt.,
Floor 3, No. 308-309, Girne
Tel. 815 87 58
Fax 815 80 52
kitob@kktc.net
www.northcyprus.net

NIKOSIA (LEFKOŞA)

City Royal
Das 86-Zimmer-Stadthotel verfügt über ein türkisches Bad, Sauna, Fitness- und Massage-Bereich, Pool, Sonnenterrasse auf dem Dach und ein Casino.
(d 1) Kemal Asik Cad. 19
Tel. 228 76 21
Fax 228 75 80
info@city-royal.com
www.city-royal.com €€

Saray
Das 1962 in Betrieb genommene Hotel hat 72 Zimmer und liegt zentral. Schöner Blick von der Dachterrasse über die Stadt.
(d 3) Atatürk Meydany
Tel. 228 31 15
saray@northcyprus.net €€

Hotel Anassa bei Polis auf der Halbinsel Akamas: viel Platz für Wellness und Entspannung

Nächte auf Karpasia

Natur und Strand gleich vor der Haustür
Ruhiger und naturnaher als auf der Karpasia-Halbinsel kann man im Norden der Insel kaum wohnen. Die nächstgrößere Stadt, Iskele, liegt mehr als 60 Kilometer entfernt. Wer nach ausgiebigen Wanderungen, Schwimmen, Tauchen, Angeln oder dem Beobachten von Meeresschildkröten eine Übernachtungsmöglichkeit sucht, wird beispielsweise in Dipkarpaz (Rizokarpasi) zwischen den beiden Küstenstreifen Isik und Kasa fündig.
Die Anlage „Karpaz Arch Houses" ist ein alter Landsitz, befindet sich mitten in einem bunten Blumengarten und besteht aus elf Einheiten mit 22 Betten und einem Gesellschaftsraum. Die landestypisch eingerichteten Zimmer verfügen über Dusche, WC, Klimaanlage, Kühlschrank und Kochgelegenheit. Es ist nicht weit zum Strand und zur Kreuzkuppelkirche Agios Philon aus dem 11. Jahrhundert.
Neben der Kirche Agios Philon liegt das „Oasis at Ayfilon", ein Restaurant-Hotel mit fünf Doppelzimmern und eigenem Strand. Mashallah managt das Restaurant, während Michael und Viola sich um die Unterbringung der Gäste kümmern. Von den Zimmern aus sieht man die Ruinen eines römischen Hafens und das Wasser. Nachts kühlt eine Meerbrise die Räume und hält sie frei von Mücken, versprechen die Betreiber.
Karpaz Arch Houses
Dipkarpaz
Tel. 372 20 09
Fax 372 20 07 €
Oasis at Ayfilon
Dipkarpaz,
Tel. (0090-542) 856 50 82 und 854 06 69, Fax 824 49 52
oasis@ayfilon.com
www.ayfilon.com €

F
G
H
I
K
Tasucu
Orga
Vavylas
Acheiropoiitos Point
Lampousa
Glykiotissa Island
Kyrenia/ Girne
Vasileia
Lapithos/ Lapta
Karavas/ Alsancak
Agios Georgios
Panagra
Larnakas tis Lapithou/ Kozan
Fterícha
Trimithi
Kastolles
Karaoglanoglu
Templos
Myrtou
Karpaseia
Kampyli
Agridaki
Karmi
St. Hilarion
Agios Hilarion
Karakoumi/ Karakum
Vrysi
Alagadi Turtle Beach
Troulloi
Kazafani
Bellapais
Agios Epiktitos
Klepini
Sysklipos
Kiomourtzou
Agirda
Agios Ermolaos
Krini
Asomatos
Kontemenos
Fota
Profitis Ilias
Pano Dikomo
Sichari
Vouno
Buffavento
Kato Dikomon
Koutsoventis
Trapeza
Armenomonastiro
Charkeia
Alevkaya
Forst-Station
Kornokipos
Kalo Chorio Kapouti
Dyo Potamoi
Skylloura
Unter türkischer Besatzung
Kyra
Agios Vasileios
Kanli
Kioneli/ Gönyeli
Mandres
Neo Chorio
Kythrea/ Değirmenlik
Beikioi
Petra tou Digeni
Kalyvakia
Kiados
Knodara
Masari
Fyllia
Trachoni
Voni
Epicho
Vitsada
Katokopia
Avlona
Mammari
Gerolakkos
Ortakioi
Trachonas
Mia Milia
Palaikythron
Exo Metochi
Kourou Monastiri
Marathovounos
Astromeritis
Kokkinotrimithia
Agios Dometios
Nikosia/ Lefkosa
Angastina
Genagra
Mesaoria
Egkomi
Mousoulita
Aglangia
Mora
Afanteia
Akaki
Strovolos
Ercan Airport
Askeia
Strongylos
Meniko
Orountan
Palaiometocho
Kato Lakatameia
Athalassa Nationalpark
Tymvou
Merika
Lakatameia Airfield
Pano Lakatameia
Lakkia
Geri
Vatili
Agios Ioannis
Agioi Iliofotoi
Pano Deftera
Kato Deftera
Anageia
Tseri
Agia
Agios Spyridon
Kato Moni
Agrokipia
Ergates
Psimolofou
Agios Sozomenos
Margo
Pyrogi
Melouseia
Tremetousia
Arsos
Lysi
Mitsero
Arediou
Malounta
Episkopeio
Athienou
Agios Epifanios
Politiko
Pera
Petratis
Potamia
Klirou
Kalo Chorio
Agios Irakleidios
Tamassos
Margi
Alykos
Nikosia
Dali
Petrophani
Kampia
Analiontas
Kotsiatis
Pera Chorio
Idalion
Troulloi
Kataliontas
Agia Varvara
Lourоukina
Archangelos
350
Avdellero
Lympia
Kapedes
Alampra
Gialias
Lazanias
Panagia Machairas
Mathiatis
Lythrodontas
388
Psevdas
Kochi
Kellia
Aplíki
Palaichori
Gourri
Machairas Forest
Mosfiloti
Sia
Agia Anna
Aradippou
Livadia
Farmakas
Moni Agias Theklas
Pyrga
Kornos
Kalo Chorio
Kampi
Delikipos
Agios Georgios
Kitiou
Larnaka
Skala
Larnaca Public Beach
Larnaca Bay
Sykopetra
Odou
Agioi Vavatsinias
Melini
Ora
Tremithos
Kato Lefkara
Stavrovouni
Pouris
Hala Sultan Tekke
Salzsee
Eptagoneia
Pano Lefkara
Dierona
Akapnou
Lageia
Kato Drys
Klonari
Vavla
Agios Minas
Dromolaxia
Kellaki
Vikla
Vasilikos
Alethriko
Tersephanou
Meneou
Makenzi Beach
Larnaka International Airport
Prastio
Sanida
Vasa
Skarinou
Anglisides
Menogeia
Kivisili
Anafotida
Aplanta
Panagia Angeloktistos
Softades
Kiti
691
Kyparissia
Alaminos
Kofinou
Agios Theodoros
Perivolia
Mazotos
Asgata
Chirokitia
Kiti Beach
Cape Kiti
Foinikaria
Tochni
Parekklisia
Monagroulli
Kalavasos
Tenta
Psematismenos
Pentaschoinos
Pyrgos
Maroni
Petounta Point
Agios Tychon
Moni
Pentakomo
Mari
Zygi
Amathous
St. Raphael Marina
Agios Georgios Alamanos
Vasiliko
Governor's Beach
Cape Dolos
Rhodos, Piräus
Alexandria
Haifa
Afrodision
Lithosourk
Neraides
Kapsalos
Akanthou
Kantara
Agios Amvrosios/ Esentepe
Kalograia
Melounta
Platani
Mandres
Panagia Tochnion
Incirli-Höhle
Agios Iakovos
Trypimeni
Artemi
Agios Chariton
Goufes
Psyllatos
Lefkonikon
Lapathos
Gypsou
Milia
Peristerona
Pigi
Maratha
Santalaris
Aloda
Limnia
Pyrga
Apostolos Varnavas
Stylloi
Prastio
Sinta
Gaidouras
Pedieos
Yialias
Koukllia
Kontea
Kalopsida
Acheritou
Makrasyka
Achna
Pergamos
Vrysoules
Avgorou
Pyla
Xylotymvou
Sovereign Base Area
Agios Andreas
Oroklini
Ormideia
Dekeleia
Xylofagou
Pyrgos Xylofagou
Cape Pyla

MERIAN | TIPP

Schöner Wohnen auf dem Lande
Weil viele Dorfbewohner, vor allem junge Leute, in die Städte zogen und immer mehr Häuser leer standen, gründete Sofronios Potamitis eine Gesellschaft, um Reisende mit der traditionellen Art des Wohnens auf dem Lande bekannt zu machen. Potomitis ließ verlassene Häuser im Originalstil restaurieren und renovieren. Sie sind komplett eingerichtet, haben Veranda und Garten und befinden sich in den Regionen Paphos/Akamas (Goudi bei Polis), Troodos (Koilani, Skarinou) und Tochni zwischen Larnaka und Limassol (Tochni, Kalavasos, Pentakomo, Psematismenos, Governor's Beach). Die Wohnmöglichkeiten: von einfachen Einzelzimmern (Simple & Clean), über Apartments bis zu Villen für 24 Personen. Auch Village-Hopping möglich.

Cyprus Villages Traditional Houses
Tochni/Larnaka
Tel. (00357) 24 33 29 98
Fax (00357) 24 33 22 95
info@cyprusvillages@com.cy, www.cyprusvillages.com.cy €€

Preiskategorien

Alle Adressen im Service-Magazin sind MERIAN-Empfehlungen. Preiskategorien Hotels:
€ bis 50 €
€€ 50-100 €
€€€ 100-150 €
€€€€ mehr als 150 €
Die angegebenen Preise gelten für ein Doppelzimmer (i. d. R. ohne Frühstück) während der Hochsaison.

Columbia Beach Resort in Pissouri Bay an der Südküste: großzügige Anlage am Meer und die Bucht ohne je

SÜDEN

Viele Hotels gewähren in der Nebensaison (16. November bis 15. März, ausgenommen 20. Dezember bis 6. Januar) Nachlässe. Der „Cyprus Hotel Guide" führt alle von der Zyprischen Touristenorganisation (CTO) klassifizierten Hotels auf.
Cyprus Hotel Association
Nikosia (Lefkosia)
Tel. 22 45 28 20
Fax 22 37 54 60
chaniccy@cylink.com.cy

NIKOSIA (LEFKOSIA)

Averof
Sehr ruhig in einem für das alte Nikosia typischen Wohnviertel gelegen. Die rustikale Einrichtung der Räume erinnert an ein Bauernhaus.
(a 4) Averof 19
Tel. 22 77 34 47
Fax 22 77 34 11
averof@spidernet.com.cy
www.averof.com.cy €€

Rimi
Das Haus mit 26 einfachen, doch neu gestalteten Zimmern steht in der hübsch restaurierten Altstadt- und Tavernenmeile Laiki Gitonia.
(d 5) Solonos 5
Tel. 22 68 01 01
rimi@cylink.com.cy €€

TROODOS

Pandocheion Linos
Die 22 Zimmer des 300 Jahre alten Hauses im alten Ortskern sind im traditionellen Stil möbliert, teilweise mit Whirlpool und Kamin.
(E 4) Kakopetria
Palias Kakopetrias 34
Tel. 22 92 31 61
Fax 22 92 31 81
linos.inn@cytanet.com.cy
www.linos-inn.com.cy €€

Pendeli
Klassisches mediterranes Landhaus mit 81 Zimmern. Es liegt in einem Pinienwald im Troodos-Gebirge. In der Nähe wird Wein angebaut.
(D 5) Platres
Arch. Makarios Av. 12
Tel. 25 42 17 36
Fax 25 42 18 08
info@pendelihotel.com
www.pendelihotel.com €€€

LARNAKA UND UMGEBUNG

Louis Ayios Elias Village
Weiße Anlage am Berghang mit 154 modernen Studios bzw. Apartments. Großer Pool im Garten, Blick auf die Küste, 15 Minuten Fußweg zum Meer.
(L 5) Protaras, Profiti Elia 44
Tel. 23 83 13 00
Fax 23 83 13 98
ayioselias@louishotels.com
www.louishotels.com €€€

Nissi Beach
Am schönsten Strand von Agia Napa. Die Zimmer (270) erlauben einen weiten Blick aufs Meer.
(L 5) Agia Napa, Nissi Ave.
Tel. 23 72 10 21
Fax 23 72 16 23
nissi@nissi-beach.com.cy
www.nissi-beach.com €€€

LIMASSOL (LEMESOS) UND UMGEBUNG

Bunch of Grapes Inn
200 Jahre altes, von Bougainvilleen umwuchertes Haus im englischen Countrystil (9 Zimmer). Im Innenhof stehen Palmen, Maulbeer- und Feigenbäume.
(C 6) Pissouri (Ortsmitte)
zw. Limassol und Paphos
Tel. 25 22 12 75
Fax 25 22 25 10 €

Columbia
Fantasievoll und dorfähnlich angelegtes Ressort mit 94 Wohneinheiten. Sparsames, aber geschmackvolles Interieur aus Holz und Stein. Vorzügliches Bad.
(C 7) Pissouri Bay
Tel. 25 83 30 00
Fax 25 83 36 88

Orte

Archäologische Stätten

MERIAN

Heft 4/2005, April, Erstverkaufstag dieser Ausgabe ist der 24.3.2005
MERIAN erscheint monatlich im Jahreszeiten Verlag GmbH, Poßmoorweg 5, 22301 Hamburg
Tel. 040/27 17-0, Fax 040/27 17-20 56 **Anschrift der Redaktion:** Harvestehuder Weg 42, 20149 Hamburg
Postfach 130444, 20139 Hamburg, E-Mail: Redaktion@Merian.de, Tel. 040/441 88-231, 441 88-240
Fax 040/441 88-310 **Website:** www.merian.de **Leserservice:** Postfach 601220, 22212 Hamburg
Tel. 040/87 97 35 40, Fax 040/27 17 - 20 79 **Syndication:** www.jalag-syndication.de
GourmetPictureGuide: Stefanie Lüken, Tel. 040/271 720 02, Fax 040/27 17 20 89, www.gourmetpictureguide.de

Herausgeber: Manfred Bissinger
Chefredakteur: Andreas Hallaschka
Art Directorin: Sabine Lehmann **Chef vom Dienst:** Tibor M. Ridegh
Redakteure: Kathrin Sander, Charlotte von Saurma, Thomas Gebhardt (freie Mitarbeit)
Thorsten Kolle (freie Mitarbeit) **Konzeption und Redaktion dieses Heftes:** Tibor M. Ridegh, Kathrin Sander
Schlussredaktion: Tibor M. Ridegh, Jasmin Wolf (stv.) **Layout:** Cornelia Böhling, Ingrid Koltermann,
Amiyo Ruhnke (freie Mitarbeit), Dorothee Schweizer (stellv. Art Directorin) **Bildredaktion:** Hanni Rapp, Eva M. Ohms
Bildredakteurin dieses Heftes: Petra Mellmann (freie Mitarbeit) **Kartographie:** Peter Münch
Dokumentation: Jasmin Wolf **Mitarbeit:** Helmut Golinger, Sabine Mayer,
Frauke Meyer, Christina Raack **Herstellung:** Karin Harder
Redaktionsassistenz: Sabine Birnbach, Katrin Eggers, Sabine Richter (freie Mitarbeit)
Geschäftsführung Premium Magazine: Peter Rensmann **Verlagsleitung Premium Magazine:** Oliver Voß
Gesamt-Anzeigenleitung: Roberto Sprengel **Anzeigenleitung:** Christel Janßen
Anzeigenstruktur: Patricia Hoffnauer **Marketing:** Kenny Machaczek, Ulrich Rieger, Sonja Wünkhaus
Vertriebsleitung: Jörg-Michael Westerkamp (Zeitschriftenhandel), Thilo Heller (Buchhandel)
Verantwortlich für den redaktionellen Inhalt: Andreas Hallaschka
Verantwortlich für Anzeigen: Roberto Sprengel

Verlagsbüros Inland:
Hamburg: Tel. 040/27 17-25 95, Fax -25 20, E-Mail: vb-hamburg@jalag.de
Berlin: Tel. 030/80 96 23-60, Fax -70, E-Mail: vb-berlin@jalag.de
Hannover: Tel. 0511/85 61 42-0, Fax -19, E-Mail: vb-hannover@jalag.de
Düsseldorf: Tel. 0211/901 90-0, Fax -19, E-Mail: vb-duesseldorf@jalag.de
Frankfurt: Tel. 069/97 06 11-0, Fax -44, E-Mail: vb-frankfurt@jalag.de
Stuttgart: Tel. 0711/966 66-520, Fax -22, E-Mail: vb-stuttgart@jalag.de
München: Tel. 089/99 73 89-30, Fax -44, E-Mail: vb-muenchen@jalag.de

Repräsentanzen Ausland:
Basel: Intermag AG, Tel. +4161/275 46-09, Fax -10, E-Mail: info@intermag.ch
London: The Powers Turner Group, Tel. +44 20/7630 99 66 Fax 76 30 99 22, E-Mail: cweiss@publicitas.com
Mailand: Media & Service International Srl, Tel. +39 02/48 00 61 93, Fax 48 19 32 74, E-Mail: info@it-mediaservice.com
Paris: International Magazine Company, Tel. +331/53 64 88 91, Fax 45 00 25 81, E-Mail: imc@international.fr
Madrid: Alcála Media International Media Representation, Tel. +34 91/326 91 06, Fax -07, E-Mail: alcalamedia@retemail.es
Wien: Publimedia Internationale Verlagsvertretungen GmbH, Tel. +43 1/21530, Fax 2121602,
E-Mail: ppn-vienna@publicitas.com
New York: The Russell Group Ltd., Tel. +12 12/213 11-55, Fax -60, E-Mail: info@russellgroupltd.com

Die Premium Magazin Gruppe im Jahreszeiten Verlag

A&W Architektur & Wohnen COUNTRY DER FEINSCHMECKER WEIN Gourmet MERIAN

Gültige Anzeigenpreisliste: Nr. 37e

Weitere Titel im Jahreszeiten Verlag: Für Sie, petra, vital, PRINZ, A&W Architektur & Wohnen, COUNTRY, DER FEINSCHMECKER, WEINGourmet, schöner reisen, ZuhauseWohnen, SelberMachen
Litho: Alphabeta Druckformdienst GmbH, Hamburg. Druck und Verarbeitung: heckel GmbH, Nürnberg, schlott Gruppe
ISBN: 3-7742-7004-X, ISSN 0026-0029 MERIAN (USPS No. 011-458) is published monthly. The subscription price for the USA is $ 110 per annum. K.O.P.: German Language Publications, Inc., 153 South Dean Street, Englewood NJ 07631. Periodicals postage is paid at Englewood NJ 07631, and at additional mailing offices. Postmaster: send address changes to: MERIAN, German Language Publications, Inc. 153 South Dean Street, Englewood NJ 07631.

JAHRES ZEITEN VERLAG
Ein Unternehmen der
GANSKE VERLAGSGRUPPE

Kolonnaden säumen die Palästra von Salamis (Nordzypern), fotografiert von Murat Türemis

Bildnachweis

Anordnung im Layout:
o=oben, u=unten, r=rechts, l=links, m=Mitte.
Titel: Murat Türemis; S. 3 ol Michael Müller, or Wilfried Bauer, M. Türemis, ml und mr Arthur F. Selbach; S. 4/5 Paul Trummer/laif, S. 4 m A.F. Selbach, S. 5 ml Murat Türemis, mr Hardy Müller, ul Bates Littlehales/National Geographic Society, ur M. Türemis; S. 8 ol M. Türemis, or Marcos Gittis/ Cyprus International Press Service; S. 10 o A.F. Selbach, u Minas Mavrikakis/Wildlife; S.14/15 A.F. Selbach; S. 16/17 M. Türemis; S. 18 ol und or M. Türemis, ml A.F. Selbach, mr H. Müller, ul Frank Siemers, ur Fulvio Zanettini/laif, S. 19 A.F. Selbach; S. 20/21 A.F. Selbach; S. 22 ol Murat Türemis, or W. Bauer, ml und mr A.F. Selbach, ul M. Türemis, ur A.F. Selbach; S. 23-25 A.F. Selbach; S. 26-29 M. Türemis, S. 30 F. Siemers; S. 32/33 F. Siemers; S. 34 Murat Türemis, S. 35-40 F. Siemers; S. 44-50 W. Bauer; S. 52-58 H. Müller; S. 60-62 Frank Rothe; S. 64-72 M. Türemis, S. 73 Ernst Wrba; S. 74 M. Türemis; S. 77 ol Cyprus Ministry of Education and Culture, or und ul Jonathan Blair/ Corbis, ur B. Littlehales/NGS; S. 78 Katja Christodoulou/epa/dpa; S. 80 A.F. Selbach, S. 81 Gianni dagli Orti/ Corbis; S. 82 ol Bettmann/Corbis, ml A.F. Selbach, S. 82/83 Richard List/ Corbis, S. 83 o Académie des Inscriptions et Belles-Lettres Paris; S. 84 or Eckart Fiene, ul The Semitic Museum at Harvard, S. 85 ol E. Fiene, or G. dagli Orti/Corbis; S. 84/ 85 Infografik: Hark Weidling; S. 86-95 Murat Türemis; S. 101 Fausto Giaccone/Anzenberger, S. 103 MeteoSat; S. 106 A.F. Selbach, S.106/ 107 F. Siemers, S. 107 A.F. Selbach; S. 108 und S. 109 ul A.F. Selbach, 109 or Cyprus Museum Nicosia; S. 110 age fotostock/Mauritius Images, S. 111 ol A.F. Selbach, ur Pierides Museum/Laiki Group Cultural Centre; S. 112/113 A.F. Selbach; S. 114 ul H. Müller, S. 114 or und S. 115 CTO Nicosia; S. 116 Günter Standl, S. 117 Udo Kefrig; S. 118 o A.F. Selbach, u Fremdenverkehrszentrale Zypern, Frankfurt; S. 119 A.F. Selbach; S. 120 ml David Rubinger/Corbis, or Bettmann/Corbis; S. 126/ 127 A.F. Selbach; S. 130 o Jan Greune, ml Miquel Gonzalez/laif, mr Gunnar Knechtel/laif

VORSCHAU Barcelona, Costa Brava, Pyrenäen

Massentourismus oder Mittelmeerperle: Tossa de Mar

Sohn der Stadt Figueres und Kind des Landes: Dalí

Musterhaft: der von Gaudí gestaltete Park Güell

Katalonien im Aufbruch: Zwischen Vernunft und Überschwang entsteht eine quicklebendige Nation

- Barcelona: Eine Stadt zelebriert sich selbst
- Salvador Dalí: Genie, Nervensäge, Landschaftsmaler
- Gärten: Katalanischer Geist in Wegen und Blüten
- Architektur: Modernismo – erst gefeiert, dann verkannt
- Costa Brava: Erschlossene Küste, erholsames Hinterland
- Pyrenäen: Romanische Kirchen, romantische Schluchten

Zuletzt erschienen:

März 2005

Februar 2005

Januar 2005

Dezember 2004

November 2004

Oktober 2004